U0584286

探索奥秘世界百科丛书

探索考古发掘奥秘

谢宇　主编

花山文艺出版社

河北·石家庄

图书在版编目（CIP）数据

探索考古发掘奥秘 / 谢宇主编. — 石家庄：花山
文艺出版社，2012（2022.3重印）
（探索奥秘世界百科丛书）
ISBN 978-7-5511-0675-7

Ⅰ. ①探… Ⅱ. ①谢… Ⅲ. ①考古发掘－世界－青年
读物②考古发掘－世界－少年读物 Ⅳ. ①K86-49

中国版本图书馆CIP数据核字(2012)第248718号

丛 书 名：探索奥秘世界百科丛书
书　　名：探索考古发掘奥秘
主　　编：谢　宇
责任编辑：贺　进
封面设计：袁　野
美术编辑：胡彤亮
出版发行：花山文艺出版社（邮政编码：050061）
　　　　　（河北省石家庄市友谊北大街 330号）
销售热线：0311-88643221
传　　真：0311-88643234
印　　刷：北京一鑫印务有限责任公司
经　　销：新华书店
开　　本：700×1000　1/16
印　　张：10
字　　数：150千字
版　　次：2013年1月第1版
　　　　　2022年3月第2次印刷
书　　号：ISBN 978-7-5511-0675-7
定　　价：38.00元

（版权所有　翻印必究·印装有误　负责调换）

前　言

　　我们生活的世界，是个十分有趣、错综复杂而又充满神秘的世界。然而，正是这样一个奇妙无比的世界，为我们提供了一个领略无穷奥秘的机会，更为我们提供了一个永无止境的探索空间……

　　在浩瀚的宇宙中，蕴藏着包罗万象的无穷奥秘；在我们生活的地球上，存在着众多扑朔迷离的奇异现象；在千变万化的自然界中，存在着种种奇异的超自然现象。所有的这些，都笼罩在一种神秘的气氛中，令人费解。直到今天，人们依旧不能完全揭开这些未知奥秘的神秘面纱。也正因如此，科学家们以及具有旺盛求知欲的爱好者对这些未知的奥秘有着浓厚的探索兴趣。每一个疑问都激发人们探索的力量，每一步探索都使人类的智慧得以提升。

　　为了更好地激发青少年朋友们的求知欲，最大程度地满足青少年朋友的好奇心，最大限度地拓宽青少年朋友的视野，我们特意编写了这套"探索奥秘世界百科"丛书，丛书分为《探索中华历史奥秘》《探索世界历史奥秘》《探索巨额宝藏奥秘》《探索考古发掘奥秘》《探索地理发现奥秘》《探索远逝文明奥秘》《探索外星文明奥秘》《探索人类发展奥秘》《探索无穷宇宙奥秘》《探索神奇自然奥秘》十册，丛书将自然之谜、神秘宝藏、宇宙奥秘、考古谜团等方面最经典的奥秘以及未解谜团一一呈现在青少年朋友们的面前。并从科学的角度出发，将所有扑朔迷离的神秘现象娓娓道来，与青少年朋友们一起畅游瑰丽多姿的奥秘世界，一起探索令人费解的科学疑云。

　　丛书对世界上一些尚未破解的神秘现象产生的原理进行了生动的剖析，揭示出谜团背后隐藏的玄机；讲述了人类探索这些奥秘的进程，尚存的种种疑惑以及各种大胆的推测。有些内容现在已经有了科学的解释，有些内容尚待进一步研究。相信随着科学技术的不断发展，随着人类对地球、外星文明探索的进展，相关的未解之谜将会一个个被揭开，这也是丛书编写者以及广大读者们的共同心愿。

丛书集知识性、趣味性于一体，能够使青少年读者在领略大量未知神奇现象的同时，正确了解和认识我们生活的这个世界，能够启迪智慧、开阔视野、增长知识，激发科学探寻的热情和挑战自我的勇气！让广大青少年读者学习更加丰富全面的课外知识，掌握开启未知世界的智慧之门！

朋友们，现在，就让我们翻开书，一起去探索世界的无穷奥秘吧！

编者
2012年8月

目　录

神秘消失的庞贝古城

◉　◉　◉　◉　◉　◉　◉　◉　◉

在风景如画的意大利西南海岸，有一座巍峨峻峭的高山俯瞰着波光粼粼的那不勒斯湾，那就是著名的维苏威火山。

自有历史记载起直到公元1世纪，维苏威火山一直处于休眠状态。相传公元79年8月24日，维苏威火山突然喷发。熔岩直冲云天，又化成石块、火山灰落到地面上。这时，天又刮起大风，下起倾盆大雨，继而引起山洪暴发。山洪挟带着石块和火山灰，形成一股巨大的泥石流向山下冲去。顷刻间，把山麓的一座城市——庞贝城整个地淹没了。

随着时间的推移，庞贝城渐渐地被人们遗忘了。人们只知道罗马有个庞贝古城，然而它确切的位置在哪里却成了一个历史之谜。

二百多年前，意大利农民在维苏威火山西南8000米处修筑水渠时，从地下挖出一些古罗马钱币和刻有"庞贝"字样的石块，以此揭开了发掘庞贝古城遗址的序幕。经过二百多年的发掘，这座在地下沉睡了近1800年的罗马古城大部分已重见天日。

庞贝城建于公元前7世纪，到它埋没时已有八九百年的历史。庞贝城占地约1.8平方千米，四周有坚固的石砌城墙。城墙长4800米，设有8座高大的城门。城里纵横两条笔直、平坦的大街，呈井字形，把全城分成9个街区。全城街道用石板铺成，有10米宽。街道每个十字路口都饰有精致雕像的石头水池，里面储存着甘甜的泉水。城的西南部是一个长方形广场，这是庞贝城政治、文化的中心，它集中了全城大部分宏伟的建筑，其中包括庞贝官府、法院和几座大的庙宇。广场四周有高大的雕花廊柱环绕。广场上残存的石柱有三四丈高，再看看那些雕刻精致的大理石门框、祭台和高出地面三四米的石板地基，可以想象出当年这些建筑物是多么宏伟壮观。

在庞贝城，富人的邸宅十分豪华。大门往往有粗大的大理石圆柱

古老的城池，被湮埋在历史的尘埃中，无处寻踪

和雕花门楼。正厅、餐厅和卧室宽敞明亮，墙上绘有大型壁画，地板上有镶嵌画。室内陈设有白银和青铜制品。庭院里有奇花异草，并装饰着用大理石雕刻成的天使、人像、兽像、石盆和石瓶等。庭院里还可看见碧波荡漾的喷水池。富人邸宅中还有舒适的浴室，可供冷水浴、热水浴和日光浴。从富人邸宅的建筑和陈设上，即可看到当年罗马贵族骄奢淫逸生活的一个缩影。

在庞贝古城遗址，你还可以看到带有看台的奴隶角斗场、贩卖奴隶的市场、摆满琳琅满目商品的大型商场和种类繁多的手工作坊。由此即可看出当年庞贝城的繁荣盛况。

然而，有关维苏威火山瀑发吞没庞贝古城的说法只是考古工作者的推断，庞贝古城到底是怎样神秘失踪的，至今仍没有一个让人信服的答案。但愿随着时间的推移，人类能够把谜底揭示出来。

吉加美士史诗之谜

⊙ ⊙ ⊙ ⊙ ⊙ ⊙ ⊙ ⊙

20世纪初，考古学家在库峻赤克的一座山丘上出土了有楔形文字的12块陶土版，这一发掘引起了整个考古界的轰动。这12块陶土版刻的是一首有强烈表现力的英雄史诗《吉加美士史诗》。研究结果明确肯定《吉加美士史诗》的原版出自苏美尔人的手笔。史诗主线与《圣经》中《创世记》所记述的故事大致相同。

在第一块陶土版中，记述了常胜英雄吉加美士在乌鲁克建造城墙的情况。其中写道：

"天神住在一栋庄严的房子里，里面设粮仓多座，城墙上有守卫站岗。"

在第二块陶土版上，记叙了女天神阿茹茹创造另一位英雄恩基度的情况。

在第三块陶土版中，叙述了有关从远方滚滚涌来的尘雾沙云的故事：

"天在咆哮，地在颤抖，太阳神终于到来了，他用强劲的翅膀和爪子抓住恩基度，恩基度觉得身体越来越重，像是灌满了铅。"

在第五块陶土版上，记叙了吉加美士和恩基度反对庞然大物胡瓦瓦戏剧性的战斗，其中有这样一个细节：恩基度和吉加美士抛出去的投枪和棍棒，徒劳无功地反跳到"闪闪发光的庞然大物手里"。聪明的恩基度发现了这位上帝的仆人胡瓦瓦易受损伤的地方，他能使胡瓦瓦失去战斗力。其中还有恩基度对胡瓦瓦的描述：

"它的牙齿宛如龙的牙齿，它的面貌恰似狮子的面貌，它不吃抛撒过去的食物，不喝奉献的水。"

在第七块陶土版，上还有一段太空飞行的目击叙述，由恩基度陈述：

"我在一只小鹰的爪子里飞行了很久，向下看时，一切变得很小很小。"

有些考古学家和科学家饶有兴趣地读完了《吉加美士史诗》，对史诗所描写的内容进行了大量的研究、考证工作。有的科学家提出了自己的设想：恩基度被太阳神的翅膀和爪子抓住，身子越来越重，像是灌满了铅，这是身体受到了加速度的作用，所以才越来越重，像灌了沉重的铅，怎么恩基度的想法和宇航员起飞时所遇到的情况如出一辙？而和恩基度与吉加美士战斗的胡瓦瓦的外貌不正是一个机器人的外貌吗？而聪明的恩基度也许知道操纵机器人的手柄在哪儿，即知道其"易受损伤的地方"，所以才能将这一机器人制服。在第七块陶土版记叙的恩基度所看到的现象，不正是一个人坐在太空船上向下鸟瞰大地的情形吗？

据此，这些考古学家和科学家得出结论，《吉加美士史诗》记叙的正是外星智能生命与苏美尔人接触的一些经历。

然而，这些结论仍需进一步考证。谁能真正揭开《吉加美士史诗》这个谜，给后人留下一个明确的解答呢？人们正期待着这一天的到来。

透过史诗中的故事，我们能解开多少谜团

海底玻璃之谜

◉　◉　◉　◉　◉　◉

人们每天都要与各种各样的玻璃制品打交道，如玻璃杯、玻璃灯管、玻璃窗户等。普通的玻璃，以花岗岩风化而成的硅砂为原料，在高温下熔化，经过成型、冷却后便成为我们所需要的玻璃制品了。

然而，在很难找到花岗岩的大西洋深海海底，居然也发现了许多体积巨大的玻璃块，这真是一件非常奇怪的事。

为了解开这个海底玻璃之谜，英国曼彻斯特大学的科学家们进行了多方面的分析和研究。

首先，这些玻璃块不可能是人工制造以后扔到深海里去的，因为它们的体积巨大，远非人工所能制造。

有些学者认为，这种玻璃的形成，有可能是海底玄武岩受到高压后，同海水中的某些物质发生一种未知的作用，生成了某种胶凝体，并最终演变为玻璃。如果真是这样的话，今后的玻璃生产就可以大大改观了。现在我们制造一块最普通的玻璃，都需要1400℃～1500℃的高温，而熔化炉所用的耐火材料受到高温玻璃熔液的剧烈侵蚀后，产生有害气体，影响工人的健康。假如能用高压代替高温，将会彻底改变这种状况。

由于这个设想，有些化学家把发现海底玻璃地区的深海底的花岗岩放在实验室的海水匣里，加压至4053兆帕斯卡，结果根本没有形成什么玻璃。那么，奇怪的海底玻璃到底是怎样形成的呢？迄今仍然是一个未能解开的自然之谜。

海底神秘古城之谜

随着潜水和打捞技术的发展，水下考古学也应运而生了。从此，在静静的海底世界里，人们又找到了不少早已在人世间消失得无影无踪的古城。一群水下摄影爱好者在墨西哥尤卡坦半岛的海底，发现了一座传说中的玛雅古城——土鲁玛。它是当地传说中的一座"攻不破的城堡"。一些学者曾经认为，它和"埃尔·多拉多"黄金国的传说一样，纯属无稽之谈。然而，在西班牙中世纪的一部编年史中曾提到过土鲁玛。据历史记载，残酷的西班牙入侵者曾经占领并洗劫过这个坐落在墨西哥湾沿岸的富饶的城市。墨西哥专家们认为，土鲁玛古城是由于一次巨大的滑坡而沉入海底的。水下考古人员在海底发现了保存得很好的城墙、市中心的宫殿，以及一些住宅的遗迹。他们还发现，在一些神庙建筑物的墙上，还完整地留有彩色壁画和典型的玛雅装饰图案。

在秘鲁沿岸的水下2000米深处，人们发现了雕刻的石柱和巨大的建筑。1968年以来，人们不断地在比米尼岛一带发现巨大的石头建筑群静卧在大洋底下，像是街道、码头、倒塌的城墙、门洞……令人吃惊的是，它们的模样，与秘鲁的史前遗迹斯通亨吉石柱和蒂林特巨石墙十分相像。今天虽然已经无法考证这些东西始于何年，但是根据一些长在这些建筑上的红树根的化石，表明它们至少已经有1.2万年的历史。这些海底建筑结构严密，气势雄伟，石砌的街道宽阔平坦，路面由一些长方形或正多边形的石块排列成各种图案。

1967年，美国的"阿吕米诺"号潜水艇在佛罗里达、佐治亚、南卡罗林群岛沿岸执行任务时，曾发现一条海底马路。"阿吕米诺"号装上两个特殊的轮子之后，就能像汽车奔驰在平坦的马路上一样前进。

在中国，人们都知道有北京、南京、西京（即今西安）和"东京"（指开封）。其实，中国还有一个地图上找不到的东京。这个东京在福建省东南隅的东山岛外。据传说，南宋末年，为逃避元兵的侵害，宰相陆秀夫曾抱着小皇帝赵昺来到这里。随着南宋遗民的流入，东京日渐繁华。可是，正当盛极之时，东京却突然失踪了。据东山县县志《铜山志》（东山旧名铜山）记载："苏峰山（东山岛东面一座海拔400多米高的临海大山）对面文华山，俗传宋帝昺南临，将都南澳（今广东省南澳县），筑此为东京。地遂缺陷为海。自山腹下向海，莫穷其际。今城堞犹存，海中尚有木头竹　，潮退海静，海滨人驾舟往取之。"据记载，在南宋末

年的确曾发生过一次大地震。由此看来，东京城早已沉睡在大海底下了。

所有这一切均表明，曾经有过一个古代大陆以及文明社会被埋葬在大洋底下。然而这就产生了一个疑问：12万年前，难道人类文明就如此发达了吗？

沧海变桑田，同样，在地球的激烈变动之中，桑田也会变为沧海，人类文明的一部分，被深深掩埋在海水和泥土之中，随着探查工作的进展，人们对古代文明将会有更多的了解。

海洋学家和地质学家也跟考古学家们一样，对海底古城有着浓厚的兴趣。他们潜入海底，寻找失踪的古城，对他们最有吸引力的当然还是这些城市沉没的原因。科学家们认为，地壳不是静止不动的。有的地方在上升，有的地方在下沉。

寻找海底古城，探索它们沉没的原因，已成了当代的一个科研课题。而海底古城的发现必将为历史学和考古学的进一步发展提供极为宝贵的实物资料。

海底洞穴壁画之谜

　　不久前，法国业余洞穴探险者在地中海一个景色优美的小海湾苏尔密乌发现了一处海底洞穴壁画，石壁上有6匹野马、2头野牛、1只鹿、2只鸟、1只山羊和1只猫，形象栩栩如生，可谓艺术珍品。这一海底洞穴古迹的发现，说来颇富传奇色彩。

　　1985年，洞穴业余探险者亨利·科斯克为探索沉睡在苏尔密乌海湾的古代沉船的遗物，专门购买了一艘长14米的拖网渔船"克鲁马农"号，开始了他的水下探险活动。一天，他在水深36米处的岸壁上发现了一个隧道口。正当他试图潜入时，随身携带的照明灯熄灭了，加上海水浑浊，看不清周围的景物，不得不暂时中断探索。1990年，科斯克又找到了隧道口，进到了隧道尽头的洞穴，借助手电的光束，他看到了洞穴的石壁上有手的印迹。他决心探个究竟，特邀了卡西斯潜水俱乐部的6个伙伴，组成了以科斯克为队长的水下探险队。

　　7月29日，7名水下探险队员乘坐"克鲁马农"号船，在海底隧道口前面的海上抛锚停泊。他们穿戴好潜水装具，下潜到36米深的海底，找到了那个隧道口。虽然水下隧道狭窄蜿蜒，海水昏暗难辨方向，还有海流夹带泥沙的阵阵冲击，但他们顽强地克服了这些困难。潜游约20分钟，顺利地通过了长200米的水下隧道。当他们浮出海面时，一个令人目瞪口呆的奇观便呈现在眼前。在这高出海平面4米，直径约50米的洞穴里，千姿百态的钟乳石首先映入眼帘；在灯光的照耀下，石壁上的3只手印清晰可见，还有那栩栩如生的动物壁画，简直把他们带进了一个神秘的殿堂。他们赶紧拍照、录像。他们不仅为这些艺术品发出同声的赞叹，而且不约而同地产生疑问，这些海底洞穴壁画究竟是史前艺术家的作品呢，还是后人有意制造的恶作剧？为此，他们决定在真假未定的情况下暂时对外保守秘密。

一年后，1991年9月1日，发生了3名业余水下探险者在苏尔密乌海湾失踪的事件。科斯克参加了寻找失踪者的行动。他迅速潜入这个神秘的洞穴，在古壁下的隧道里找到了3位失踪者的尸体。原来这3名业余潜水者由于缺乏潜水经验，没有携带水下电筒等必需的潜水设备，在黑暗的海水里误入隧道而迷失方向，最后因氧气耗尽窒息而死。科斯克面对着这个海底隧道已被世人知晓的事实，决定将海底洞穴壁画的秘密公之于世。9月3日，他便向马赛海洋考古研究所报告了这一发现，并要求采取措施保护这些壁画。9月15日，科斯克和史前考古学家让·古尔坦带领的水下探险队潜入海底洞穴，采用现代分析仪器对洞穴内的氧气、水、木炭、岸石等进行了调查研究，初步认为洞内的壁画可能是史前艺术家在动物脂肪里混入有色矿石粉末制成油彩，然后用手贴于石壁上，用空心兽骨将油彩吹喷到石壁上，制成了这一杰作。

人们疑惑不解，1万多年前，古代艺术家是怎样潜入这个海底洞穴的？洞穴壁画为何奇迹般地完好如初？有的考古学家解释说，那时正处于冰河时代末期，地中海海平面比今天要低100米以上，苏尔密乌海湾水下隧道无疑是处于海平面之上，人们可以很容易地从悬崖下的隧道口进入洞穴。后来冰河时代结束，海水上涨，海水将隧道淹没，洞穴被密封起来，洞穴内的壁画得以保护，避免了风化和破坏，直到今天。

但是，也有一些人认为，壁画完好如初，可能不是1万多年前的作品；而且在1万多年前这一地区是否有史前人类居住也值得怀疑，因为从来没有发现过有关史前人类的遗迹，因而这些壁画很可能是后人的伪作。

海底石锚之谜
◉　◉　◉　◉　◉　◉

　　1975年，在美国加利福尼亚南部的帕洛斯弗迪斯半岛附近海域里，发现了二三十个带孔的石锚，它们沉睡在37米至7.6米深的海底，分布面积达在400平方米以上。30多年来，对这些石锚的来历和制造年代等问题，学术界众说纷纭，莫衷一是，最终成了一个难解之谜。

　　开始的时候，一种较为普遍的说法是，这些石锚不是产自加利福尼亚，它们有可能是到达美洲的亚洲船只遗留下来的。但是到了1980年，加利福尼亚大学地质系考证认为，这些石锚并不是从大洋彼岸和亚州带过来的，而是用加利福尼亚州蒙特里地方的页岩制造的，这种页岩是加利福尼亚南部最常见的海岸岩层之一。

　　也是在1980年，在北京召开的水上运输研究学术会议上，美国圣地亚哥大学的两位海洋考古学家詹姆斯·R·莫利阿列迪教授和拉兰·J·皮尔逮教授，向与会者介绍了他们对上述石锚的研究成果。他们认为，这些石锚是在中国制造的，它们随中国航船到达美洲可能已有500～2500年的历史，或许还要更早一些，后来因船只失事而散落在海中。他们认为，早在哥伦布发现美洲大陆之前，中国人就曾航海来到加利福尼亚，这些石锚说明中国人先发现美洲大陆的结论是正确的。两位教授说，有许多迹象表明，南加利福尼亚附近海底有一条中国古沉船的遗迹，两只巨大的石锚埋在海底21米深处的淤泥中，这条中国古船长约24米，能乘75～150人。和两个大石锚一起发现的遗物中，有一块重达130千克的石块，他们认为可能是中国人碾谷用的碾子。在这些石头遗迹附近没有发现金属和陶瓷制品，这正好说明这艘沉船相当古老，它到达美洲的时间也是相当久远的。

可是，与此同时，美国加利福尼亚大学航海史教授弗·弗罗斯特又提出了一个不同的论断。弗罗斯特认为，这些石锚是在不到100年前居住在加利福尼亚沿海的中国渔民遗失的。他的论据是：19世纪中叶，大批中国"华工"被迫漂洋过海来到美国西部沿海的加利福尼亚州，他们起初主要从事开矿和筑路，后来有一部分人留在沿海一带以捕鱼为业，因为这些华工绝大多数来自珠江三角洲，他们有着丰富的捕鱼经验，而加利福尼亚的捕鱼业就是由这些华人创始的。穿孔石锚就其形状来看，富有中国石锚的特点，它们与当时中国东南沿海一带渔民使用的石锚相似。因此，可以认为，帕洛斯弗迪斯半岛附近海域当时是华人的一个捕鱼区，那些穿孔石锚是华人渔船上的，由于锚链断脱，被遗失在海底。这些石锚证明了中国移民为发展美国西部沿海的捕鱼业所作出的开创性的贡献。

围绕这些海底石锚的争论还在继续，人们期望能早日解开这一谜团。

海底铜像之谜

◉　◉　◉　◉　◉　◉

1972年8月26日，意大利化学家马里奥蒂尼在丽亚切海滨游泳时，无意中发现一堆海底沉物。他立即通知勒佐卡拉布里亚市文物局。6天后，潜水员从海底打捞上来两尊铜像。

起初，这两尊铜像并未引起人们注意，以为不过是一般的古物。然而，经有关专家鉴定后，人们才大吃一惊。原来，这是公元前506年的作品，具有极高的价值，是两件稀世珍宝。因此，这次发现也就被誉为500年来最伟大的考古发现。

这两尊铜像一尊高2.10米，重250千克；另一尊高1.98米，略重于前者。铜像的嘴唇、乳头、眉毛和睫毛用紫铜镶贴，牙齿用白银镶嵌，眼珠用琥珀和象牙制成。整个

人体造型细腻，线条清晰，表现真实，充分体现了当时艺术家的精深造诣。1975年1月，两尊铜像被运往佛罗伦萨文物考古修复中心，经过精心的修复和防腐处理后，在博物馆内公开展出，吸引世界各地许多人前来欣赏。

赞叹之余，人们不约而同地提出了这样的问题：这两件稀世珍宝来自何方？因何沉入海底？它们的作者是谁？表现的又是什么人？这些问题引起了历史学家和考古学家的种种猜测和争论。有人认为，曾经有一艘帆船运载铜像至丽亚切附近海面时，因火灾或风暴而遭致沉没；也有人认为，铜像绑在桅杆上，因大风刮断桅杆而跌落海中；也有人认为在海上灾难中，为了减轻载重量而把铜像抛弃海中。

关于铜像的来历也有多种说法。有人根据古希腊作品和铜像脚底连接的铅块有扭断痕迹的特点，认为它们出于古希腊某处，由于罗马人征服古希腊而掠夺至意大利半岛。也有人认为，公元前711年起，意大利半岛南部是希腊的殖民地，拥有十分发达的希腊文化，因此，铜像很可能是当地制造供庙宇或皇帝作装饰用的。

作者是谁的问题，谈论较多的是公元前5世纪古希腊著名雕塑家菲狄亚斯，因为麻花形卷发和左脚向前的姿态很像他的作品风格。另一位是公元前5世纪的雕塑家毕达哥拉，他把人体解剖学知识用于艺术塑造，特点是风格细腻，而且其人正好生活在铜像发现的地区。

还有些人认为，两尊铜像的制作时间相差二三代人，并非出自一人之手。

铜像表现什么人，更加众说纷纭了。有人认为属于奥林匹斯山十二神的范畴。有人认为是阿波罗神庙中的人的形象。不过，多数学者推测那是特洛伊战争中希腊联军的统帅阿伽门农或名将内斯特之类的人物。

为了弄清这些历史之谜，意大利的历史和考古学家在丽亚切海域作周密的调查研究，看看这些海域还有哪些艺术瑰宝，附近陆地是否可进一步提供历史资料和佐证。人们在期待着揭示丽亚切铜像之谜。

神秘的玛雅文明

说到地球上的古老文明，人们必然首先想到玛雅文明。确实，玛雅文明有很多神秘之处，有很多让人不解的地方。

(1) 最神奇的地球文明

玛雅文明，这个在公元前1000年前，由简朴的农渔社区发展出辉煌的文化，又在不知名的摧残下衰亡的民族，究竟得自什么力量，能在石器时代创建出傲世的文化？又遭遇何种苦难，消失在中美洲的热带雨林区？

玛雅人居住的领域包括中美洲的心脏地带，横跨危地马拉、贝利兹、墨西哥、洪都拉斯和萨尔瓦多部分地区，分别以三个互相隔离的区域为中心——齐阿巴斯和危地马拉高原的南部高地、太平洋潮湿的沿海平原与萨尔瓦多西部、墨西哥

湾伸到贝利兹一带及洪都拉斯的热带森林区。主要人口则集中在今天危地马拉的佩登省和北犹如敦矮岩密布的低洼地区。

1983年，一位英国画家在洪都拉斯的丛林中发现了一座城堡的废墟。

当然这座城堡里没有沉睡的美丽公主，只有灌木丛生的断墙残垣。坍塌的神庙上的一块块巨大的基石，无不刻满精美的雕饰。石板铺成的马路，标志着它曾经是个车水马龙、川流不息的闹市。路边修砌着排水管，又标志着它曾经是个相当文明的都市。石砌的民宅与贵族的宫殿尽管大多都已倒塌，但仍可依稀窥见当年喧杂而欢乐的景象。

所有这些石料，无不苍苔漫布，

或被荒草和荆棘深深掩盖，或被蟒蛇一般行走的野藤紧紧缠裹。从马路和房基上破土而出的树木，无情地掀翻了石板，而浓荫逼人的树冠，则急不可待地向废墟上延伸，仿佛急于掩盖某种神秘的奇迹。

如此荒蛮的自然景象与异常雄伟的人工遗址，形成巨大的反差，而令人们久久激动，不能自禁。丛林中发现的这个城市被披露之后，举世震惊。20世纪以来，一批又一批考古人员来到洪都拉斯，随后他们又把寻幽探秘的足迹，扩大到危地马拉、墨西哥、秘鲁以及整个南美大陆。

无数的奇闻异事随着考察队的到来纷纷传出——玛雅人的金字塔可与埃及人的金字塔媲美。危地马拉的提卡尔城内的那座金字塔高达70米，墨西哥的巨石人像方阵令人困惑不解，特奥蒂瓦坎的金字塔其雄伟和精美，堪称奇绝……

在墨西哥丛林中，有9座金字塔。塔中存放着精致的凹凸透镜、蓄电池、变压器、太阳系模型的碎片。塔内有一种空间形态能，可以使刀刃锋利起来，使有机物发生脱

水反应。1927年，美国探险家马萨斯在一道棺椁底层的陪葬品中，发现了一具水晶骷髅，它发出耀眼的七色异彩，具有麻醉般的催眠作用。然而，水晶的高级制作技术是1947年才开始的。根据以上事实，人们认为贮藏物不是地球上人类的作品。

不过金字塔出于玛雅人之手已无争议了。为了建造这9座金字塔，玛雅人跋涉于太平洋和哥第拉之间，把所需的石料运往墨西哥的丛林中。但是，在通往金字塔的途中没有任何道路、建筑和车轮的痕迹，他们是使用什么工具把那些石料和塔中物品运过去的呢？有人猜测可能是飞船。

据统计，各国考察人员在南美洲的丛林和荒原上，共发现废弃的古代城市遗址达170多处。它向人们展示了一幅玛雅人的生活画卷。约在公元前1000年到公元8世纪时，他们北达墨西哥南部的尤卡坦半岛，南达危地马拉、洪都拉斯，直抵秘鲁的安第斯山脉广阔的活动版图，它告诉人们，玛雅人于3000年前就在这块土地上过着安定的

生活。

没有巨大的精神和物质力量的保证，即使受到来自其他星球智能生命的启发，美洲人也无法创造出这种奇迹。考古学家证实，在创造这一系列奇迹时，玛雅人已进入富足的农耕社会，并独立创造了属于自己的文字。

进一步的研究并没有使人解开美洲如何和为何建造金字塔之谜，反而让他们更感到迷惑不解——玛雅人拥有不可思议的天文知识，他们的数学水平比欧洲足足先进了10个世纪。一个以农耕为唯一生活来源的社会，居然能有先进的天文与数学的知识，这的确是要让人生疑的。

还有，当人们面对玛雅遗址异常灿烂的古代文明，谁都会情不自禁地问：这一切是怎么来的？史学界的材料表明，在这些灿烂文明诞生以前，玛雅人仍巢居树穴，以渔猎为生，其生活水准近乎原始。有人甚至对玛雅人是否为美洲土著表示怀疑。因为，没有证据表明，南美丛林中这奇迹般的文明存在着一种渐变，或称过渡阶段的迹象。没

有一个由低而高的发展过程，难道玛雅人的这一切是从天而降的吗？

（2）玛雅人的历法

人类的文化都可从它本身发展的历史长河中找渊源，而唯独高度文明的玛雅文化例外，它的历法数系、纪年和医术在地球上难以找到可以实际运用的印证。玛雅人有两种历法：一种是太阳历，计算出一年有365.2420日，远远精确于欧洲人使用的恺撒历；一种是传统的历法，规定每月20天，一年有13个月。这种传统历法在地球上毫无用处，为什么玛雅人却代代相传？难道他们过去在某个地方就用传统历法？

玛雅人的纪年体系也不同于世界上的其他国家。它一共分9段，最高一个阶段是最低的一个的230.4亿倍，这样天文般的数字对于丛林中的土著居民显然是无用的，而只有在宇航时代，在星际交流中才会运用到。而且其纪年起点有过几次，每次新的起点都始于一次毁灭性的破坏之后，最后一次纪年始于公元前3113年，是他们在中美洲定居下来的日子。1969年，前

苏联科学家发现了一具据测定是10万年前的骷髅，经研究认为，玛雅人对此人生前做过一次成功的胸外科手术。考察者还在秘鲁发现一幅石画，外科专家称它为玛雅人时代的"胸透"。

玛雅人创出了一套精巧的数学，来适应他们按年记事的需要，在决定播种和收成的时间，对于季节和年度中雨水最多的时间，准确地加以计算，以期充分利用贫瘠的土地。他们的数学技巧，在古代原始民族中，真是高明得令人吃惊。

玛雅人除对地球历法了解得十分精确之外，他们对金星的历年也十分了解。金星的历年就是金星绕太阳运行一周所需的时间，玛雅人计算出金星历年为584天，而今天我们测算金星的历年为584.92天，这是个非常了不起的数字。几千年前的玛雅人能有如此精确的历法，这意味着什么？

在社会和生产的实践中，绝大多数民族根据手指的数目，创造了十进位的计数法。而玛雅人非常古怪，他们是根据手和脚20个指头的启发，创造了二十进位的计数法，同时，他们还兼用十八进位计数法，这个计数法受何启发？根据何在？没有人能够回答。

还有玛雅人是世界上最早掌握"0"概念的民族。要知道数学上"0"的被认识和运用，标志着一个民族的认识水平。玛雅人在这方面的才能比中国人和欧洲人都早数千年。

玛雅人依照自己的历法建造的金字塔，实际上都是一种祭祀神灵并兼顾观测天象的天文台。

位于彻琴的天文台是玛雅人建造的第一个，也是最古老的天文台。塔顶高耸丛林的树冠之上，内有一个旋梯直通塔顶的观测台，塔顶有观测星体的窗孔。其外的石墙装饰着雨神的图案，并刻有一个展翅飞向太空的人的浮雕。这一切，令人遐思万千。

如果你还知道玛雅人在当时的情况下竟然知道天王星和海王星的存在，你不感到惊讶吗？他们的彻琴天文台的观天窗口不是对准最明亮的星体，而是对准银河系之外那片沉沉的夜幕。

他们的历法可以维持到4亿年

之后，其用途究竟有何用意？另外，他们是从何处获悉并计算出太阳年与金星年其差数可以精确到小数点之后第四位数字的？

很明显，这一切知识已经超过了农耕社会的玛雅人的实际需求而令人不可思议。

既然超出他们的需要，就说明这些知识不是玛雅人创造的。那么，又是谁把这些知识传授给玛雅人的呢？在那个全世界各民族仍处在蒙昧的年代，又有谁掌握如此先进的知识呢？

（3）玛雅人的神殿

玛雅人告诉我们，他们的一切文明都是一位天神——奎茨尔科特尔给予的。他们描述这位天神身穿白袍，来自东方一个未知国家。天神教会玛雅人各种科学知识和技能，还制定了十分严密的律法。据说，在天神的指导下，玛雅人种植的玉米穗能长得像人那么粗大，种植的棉花能长出不同的颜色。奎茨尔科特尔在教会玛雅人这一切之后，便乘上一艘能把他带回太空的船，远走高飞了。而且，这位天神

玛雅人留下的文明，是一个让人类难以解开的谜团

告诉玛雅人，说他还会再回来的。

如果我们相信这个神话的话，那么玛雅文化现象也就有了确实的答案了。

帕伦克位于墨西哥高原一个荒凉的山谷里。十几个世纪以来，当地人从未关心过那幢废弃并坍塌了的神殿。20世纪50年代，考古学家前来清理这个玛雅废墟时，他们从浮尘和苔藓中，发掘了一块沉重的、刻满花纹图案的石板。石板上刻绘的图画，既神奇又夸张，一个人像驾驶摩托车似的，手握着某种舵向似的把子。围绕在四周的是各种装饰性的花边图案。当时考古界的解释是：这是一件充分展示玛雅人想象力的图画。20世纪60年代以来，美、苏两大国竞相发射各种航天火箭，载人的和不载人的宇航器，频繁地在太空穿梭。当宇航员行走于月球和太空的照片不断传回到地面后，人们才大吃一惊。帕伦克那幅图画，哪里是描绘古代神话，分明是一幅宇航员操纵火箭遨游太空的图案。

当然，一切已经变了形，走

面对废墟，我们有太多的惊愕

了样，我们无法弄清楚当年那些玛雅工匠们，是凭着怎样一幅照片，临摹的只有今天才可能出现的图像——一位宇航员控制着舵向，两眼注视着仪表。

这的确是玛雅人仿制的作品，因为那位宇航员的模样多少有些像玛雅人，或许，玛雅人认为他们自己有朝一日也能遨游太空。尽管玛雅工匠在雕刻时，排气管道弯曲变形为一种装饰的花边框架，各种仪表、环状物和螺状物，都顺形就势艺术化地被处理成各种图案，但一切仍可清晰地寻见，这个运载工具呈前尖后宽的形状，进气口呈沟状凹槽，操纵杆、脚踏板以及软管等，仍被生动地描绘出来。据说，当这件作品的照片被送往美国航天中心时，那些参与航天器材研制的专家无不惊奇地叫了起来："了不起！这是古代的宇航器！"

可信的解释大概只有这一种——在遥远的古代，南美这片热带丛林里可能有过一批来自外星球的智能生命，他们在玛雅人顶礼膜拜的欢迎中走出了自己的飞船。他们教给了玛雅人历法和天文知识，并向他们展示了自己的运载工具，向他们传授了农耕的各种知识，然后飘然而去，临行前也许有过重回美洲的允诺。

（4）神秘失踪

玛雅人既然在许久以前就创造了灿烂的人类文明，那么现代的人类文明为何又失去了玛雅人的行踪呢？玛雅人这种"从天而降"的文明现象，为何像一场刚刚拉开序幕就已结束的历史剧呢？玛雅人为何突然背弃文明，又回归原始呢？确实是个谜。

公元830年后，科班城浩大的工程突然宣告停工。公元835年，帕伦克的金字塔神庙也停止了施工。公元889年，提卡尔正在建设的寺庙群工程中断了。公元909年，玛雅人最后一个城堡也停下了已修建过半的石柱。

这时候，散居在四面八方的玛雅人，好像不约而同地接到某种指令，他们抛弃了世代为之奋斗追求，辛勤建筑起来的营垒和神庙，离开了肥沃的耕地，向荒芜的深山迁移。

现在人们所能看到的玛雅人

的那些具有高度文明的历史文化遗址，就是8～9世纪间，玛雅人自己抛弃的故居。如今的游客徜徉在这精美的石雕和雄伟的构架面前，无不赞叹、惋惜，而专家学者们却陷入深深的困惑之中。

玛雅人抛弃自己用双手建造起来的繁荣城市，却要转向荒凉的深山老林，这种背弃文明，回归蒙昧的做法，是出于自愿，还是另有其他原因？

史学界对此有着各种解释与猜测。譬如说：外族侵犯、气候骤变、地震破坏、瘟疫流行，都可能造成大规模的集体迁移。然而，这些假设和猜测都是不具备说服力的。首先，在当时的情况下，南美大陆还不存在一个可以与玛雅对抗的强大民族，因此，外族侵犯之说就站不住脚。气象专家几经努力，仍然拿不出公元8～9世纪间，南美大陆有过灾难性气候骤变的证据。同样，玛雅人那些雄伟的石构建筑，有些已倒塌，但还有不少历经千年风雨仍然保存完整，因此地震灾难之说可以排除。

至于瘟疫流行问题，看来很有可能。然而，在玛雅人盘踞的上万平方千米的版图内，要大规模地流行一场瘟疫，这种可能性是很小的。再说玛雅人的整个迁移，先后共历时百年之久，一场突发性的大瘟疫，绝无耗时如此长久的可能性。

有的人根据祭祀雕像被击毁，统治者宝座被推倒的现象上，作出阶级斗争的推测。阶级斗争的确在玛雅社会中存在并出现过，但这种情况是局部的，只在个别地方和城市发生的，而玛雅人的集体北迁却是全局性的。

有人试图从生态角度解开玛雅人大迁移的谜。譬如认为玛雅人采取了某种不恰当的耕种办法，破坏了森林，土地丧失了地力等，造成生存的困境被迫迁移。可是不少学者在考察中发现，玛雅人在农业生产上却表现出颇为先进的迹象。他们很早就采取轮耕制，出现了早期的集约化生产，这样既保证了土地肥力不致丧失，又提高了生产效率。因而，试图从这个角度解开谜题的尝试也是行不通的。

还有一些专家的思路更新奇，

他们认为要寻找玛雅人搬向深山的原因，可以先反过来看看他们怎样选择自己定居的故土。我们已知的这些玛雅人最古老的城市，都不是建设在河流旁。

埃及和印度的古代文明首先发祥于尼罗河与恒河流域，中国古代文明的摇篮则在黄河和长江流域。河流不仅给这些早期的都市带来灌溉和饮水方面的便利，同时又是人员与商品交往最初的通道。从各民族的早期历史看，他们的文明都离不开河流。

玛雅人却偏偏把他们那些异常繁荣的城市，建筑于热带丛林之中，这是颇有意味的。

有的学者认为玛雅人定居在贫瘠的不毛之地，既得不到食物，也捕获不到野兽；而且大多住在城市里，再加上玛雅人有吸毒的习惯，因而灾荒、瘟疫、战争等便很快地导致了玛雅文化的衰亡。

还有的学者认为，由于印第安人造船业的发展，船舶代替了小舟，经由海路的贸易取代了河上的交易。在森林深处依赖着小舟贸易的玛雅城市，这时失去了它原有的作用，迫使玛雅人离开了森林，另谋出路，导致了玛雅社会的没落，使玛雅文化走上了绝路。

以上诸说，各有其道理。但玛雅文化究竟是怎样泯灭的，至今仍需探讨。

史前人类工具之谜（一）

◎　◎　◎　◎　◎　◎　◎　◎　◎　　◎

众所周知，工具的制作和使用，标志着人类文明史翻开了最初的一页。换句话说，发现的数千万年前的人类工具，是否标志着人类的文明史至少已有数千万年之久？

为了更好地弄清楚这一切，人们首先要对地质学进行一定的了解。总的来说，最早的含金基岩的形成期也在5500万年以前。数千万年以来，火山一次又一次地爆发，在山顶周围留下了大面积的熔岩沉淀物，至于这些熔岩沉淀物具体的形成时间，通过现代技术手段的分析，人们可以得到非常精确的数字。金矿所在的河床沙砾层位于基岩之上、熔岩沉淀物之下，形成时期大约在3300万～3500万年前。

一些对地质学有一定了解的淘金者往往会在一个特殊的地质区域进行开采，对于不同的物品，他们区别对待。他们甚至可以确定一件人工制品的来龙去脉，尤其对于那些在古代沙砾层中发现的物品，他们可以非常肯定地说出它有多少年的历史，并能指出它是在久远的年代之前由河流冲刷出来并沉淀在河流岸边的。

塔布尔山就是上面所说的一个特殊的地质区域。它位于加利福尼亚州土鲁姆尼县尤斯马特国家公园西边，数十年来，在这个地区发现了无数的远古时代的人工制品，这一地区也因此声名远扬。

塔布尔山的山冠还处于"幼年"时期，形成期只有900万年。山冠以及其他岩石层之下便是含金矿的沙砾层，在某些地方，这些沙砾层甚至就位于基岩的上面。

持续数年的淘金热在这个地区形成了无数个大大小小的矿井。其中有一些矿井沿基岩平行凿开数百英尺，之后再垂直向上挖掘至较低的沙砾层沉淀物集中地带。还有一些矿井，则从山的侧面倾斜向下深入到沙砾层的上层。

所有被发现的人工制品都集中在史前形成的极其坚固的沙砾层中。淘金者们首先发现的有15～20厘米长的梭镖头、带柄的长柄勺，还有一种外形奇特的"V"字形石制品，看起来好像是弓的把手。他们还发现一件石雕工具以及人的颌骨。这些物件都是从距今3300万～3500万年前的沙砾层中发现的。由此人们可以得出结论：这些物品在时间上极为靠近。

这就对科学提出了一个直接的挑战：在正统理论看来，3300万年前人类制作物品是根本不可能的，"科学"或许对此可以不屑一顾，或嗤之以鼻，但是作为研究者却不可以。

有很多类似的证据，如一名矿主无意之中在塔布尔山的山冠处位于地表之下54米的一个水平矿井里，发现了一个巨大的用于碾碎食物的研钵。之后不久，他又在同一个矿井中发现了一个人类头盖骨化石的碎片。

1853年的一天，一些含金的沙砾被从一个距地表37.5米的矿井中取出。在这些沙砾中，人们惊奇地发现了一颗保存非常完好的乳齿象牙齿（乳齿象是一种早已灭绝的古代象种），以及一枚由白色大理石做成的圆珠。

1858年，人们又在深入塔布尔山中90米、距地表18米的一个矿井中发现了一把石斧，长约15厘米。石斧还有一个10厘米宽的切面，上端有一个洞，可用于安装木制把柄。之后，人们还在附近发现了一些石制的研钵。

1862年，又一个古老的研钵被发现，但它的直径只有7.62厘米。发现的地点是在地表之下约60米，一条长约360米的矿井通道里。经过研究，人们发现这个研钵是由距发现地点30米外的安山岩制成的。

7年以后，一位赫赫有名的专家开始注意到这一切发现。克莱伦斯·金是享誉世界、备受尊敬的美国地质学家，同时还是美国政府地质研究的负责人。1869年，他首次对塔布尔山的地质结构进行了勘探与研究。在靠近火山口的一个特殊区域，他注意到一些地下沙砾层由于近期洪水的冲刷而暴露在地表。于是，他试着在那里寻找可能存在的化石。他经过一番仔细的勘探，并没有发现他所期望的化石，却惊讶地发现有一件石制杵臼紧紧地嵌在坚硬无比的沙砾岩中。费了一番力气之后，克莱伦斯·金教授用工具把杵臼撬了下来。他注意到，在岩石的基体上，留下了一个杵臼完整的模印。由此，他可以非常肯定地断定这件杵臼的存在时间与沙砾岩一样古老，即数百万年。

克莱伦斯·金是一位非常有经验的地质学家，他判断嵌有杵臼的砂砾层的年龄应该在900万年以上，毫无疑问，他的这一判断是可信的。然而，令人困惑不解的是，很明显杵臼又是人工制作的，这究竟说明了什么呢？后来，在史密斯学会，克莱伦斯·金承认这件杵臼的发现将引发人们对科学的重新思考，同时他又非常坦诚地指出，单

是这一个发现还不足以对传统科学提出挑战。

到1877年，更多的人工制品在塔布尔山中陆续被发现，这些人工制品主要集中在基岩之上约0.3米，位置比较靠近地表的沙砾层中。一天下午，在距矿井中420~450米的矿道中，矿工们正在用木材做矿井的支撑工作，一名负责人无意之中在地面上发现了几个用黑曜岩制成的梭镖枪头，每件大约都有25.4厘米长。

好奇之下，这名矿工负责人接着在周围寻找，结果他在数英尺之外又发现了一件石研钵。之后，在附近不远处，他又找到了另外一件这种石研钵，与前一件有所不同的是，这次的研钵上面还带有一个石杵臼。后来，这名矿工负责人在向研究人员描述的时候说，可以肯定没有任何迹象表明这些物品是某些矿工搞恶作剧而把它们放在这个地方的，因为很明显周围没有凿洞的痕迹，沙砾层也没有被破坏过。他说："没有丝毫人为破坏过的痕迹，那里，甚至是附近都没有任何天然的缝隙可以进入到这个位

置。"据初步确定，发现的地点位于靠近基岩的含金矿岩层，年龄在3300万～5500万年之间。

有关这些特殊发现的报告于1891年被递交到美国地质学会，一位地质学家在仔细研究之后得出了以下的结论：

"对于我个人来说，如果能够亲自挖掘出这些古老的作品，那的确是我梦寐以求的事情。但是我找不出任何理由来说明为什么这位矿工负责人的陈述不可以像我们相信世界上其他人的话一样被相信。在寻找从地表进入地下的天然缝隙或古代遗物的工作中，他具有和我们一样杰出的能力。"

塔布尔山的地下发现引发了科学上的不解之谜，与此同时，在其他地区的矿井中也发现了许多类似于此、有着极其古老历史的人类手工制品。例如，在靠近圣·安德利斯市的一个距地表43.2米的矿井中，人们发现了一些石研钵和其他一些不知名的人工制品。所有这些物品都位于岩石地层，其历史可以追溯到500万年以前。此外，在其他至少26个矿井中也先后发现过石研钵与石杵臼，其中有的是在年龄至少2300万年前的岩石地层中被发现的。

为了驳斥所谓极古老文明存在的观点，加利福尼亚大学于1908年委派了一名人类学家对上述的发现进行了调查研究。但最后这位坦率的人类学家在他的正式报告中直言不讳地指出："这些古老的文物使我们有必要把人类起源置于另外一个极为久远的地质时期。它与我们早期所认为的生物历史是对立的，根据那一认识，我们一直认为哺乳动物存在的时间非常短暂。"

根据"物种起源"理论，人类是于600万～700万年前，从灵长目动物经过300万～500万年的演化而来的，任何与此对立的说法都是学者们不予接受的。如果说这种进化早在大约5000万年前就已发生了，是否就真的那么令人不可容忍呢？

抑或这个起源时间还是太保守了？

史前人类工具之谜（二）

◉ ◉ ◉ ◉ ◉ ◉ ◉ ◉　　◉

1891年6月9日，伊利诺伊州的莫里森市，一个星期二的早晨，科尔普夫人正在填装煤斗。她发现有一个煤块太大，想把它打碎成几个小块于是，将它捧起来，用刀掷向地面。之后，煤块落地，分成了两半，而且恰好是从中间分开。就在这个时候，科尔普夫人发现在煤块中心嵌着一个做工精致的金链子，大约有25.4厘米长，看起来很古老、很典雅。

看到这个金链子，科尔普夫人当时第一个反应是，它或许是某个矿工不小心掉在煤块中的。但这个想法很快就被证明是错误的。当她把金链子从煤块中拉出来的时候发现，尽管金链子的中间已经变得松动，但靠在一起的两端却仍紧紧地嵌在煤块中，十分牢固。此外，

她还发现金链子松动的地方在煤块中留下了一个很明显的圆形凹陷形状。由此可见，金链子存在的时间必然与煤块本身一样古老，它可不是哪个矿工无意中丢掉的。于是她把金链子收藏起来，找了一个时间拿给了一位黄金鉴定专家检验。专家经过仔细分析最后断定，这是一个8K的金链子，重约12克。就这样，这件事在科尔普夫人眼里算是告一段落了。科尔普夫人后来于1899年逝世，把金链子转交给了她的一个亲戚，之后就下落不明了。

由于这个金链子被发现的环境比较特殊，因而当时的人们并没有给予它过多的注意，只不过是一些百姓茶余饭后谈论的话题，认为科尔普夫人运气好，倒煤能捡到黄金。科学家们后来也没有进行深入

的研究。所以，人们无法了解清楚它的制作工艺，也就无法搞明白它的来龙去脉。

但是，无论从哪方面来讲，这个金链子的发现都是与众不同的：当地煤层的历史在2.6亿～3.2亿年之间。这预示着早在那个时期，就存在着某种文明，而且这种文明已经高度发达，它的工艺水平已经达到了金链子所体现的精湛程度。

原始人群出于生存的目的，每天不得不与大自然进行抗争，也正是这种斗争促进了他们不断地发展、进步，进而产生了艺术。经过多年的生活积累，他们逐渐确定了自己所崇拜的宗教形象。这些宗教形象既有男人，也有女人。据考证，原始人群制造这些宗教形象一般来说是举行宗教仪式的需要，但有时也用于装饰珠宝。把形态各异的宗教形象雕刻于黄金或白银首饰上，就突出地表现了这种文化的进步。

在原始人群中，打制黄金链子是一件专业的、艰巨复杂的事情，而绝不可能是随便某一个人简单地把一些黄金穿在一起，之后便在捕猎猛犸或霸占他人妻子的时候偶尔戴在他或她的手腕上的。此外，一个做工细致的金链子也绝对不可能由石制工具打制而成。粗笨的石器只能用来打猎挖野菜等，无法做精细的事情，就好比不能用一根木头在绣花针上刻一样。由此可见，这个黄金链子代表了一个已历经数千年发展的文化，而这个文化显然不同于古埃及文化，也不同于两河流域或古代中国的文化。

这么说的原因在于，根据目前的历史学理论，最早的黄金链子出现在古埃及和古代两河流域文明，时间大约是在5500年前。但值得注意的是，他们当时通常使用的材料是纯黄金，而科尔普夫人发现的8K黄金链子运用的是合金技术。现有的资料表明，5500年前，不管是古埃及人还是古代两河流域人，都没有掌握这项技术。

众所周知，8K的黄金不能算是真正意义上的黄金，而只能算是一种合金，因为按比例，黄金在其中只占1/3，2/3是其他金属，多数情况下都是铜。这又是一个令人困惑的事情：直到维多利亚女王时代，也就是19世纪初，合金技术才开始流行，但他们当时通常制作的是15K，也就是黄金占60%以上，并且上面印有明显的纯度标记，迄今为止还没有发现过出产于那个时代的8K黄金制品。

因此，如果有关科尔普夫人的报道属实的话，那么可以初步肯定这个发现证明了类似于此的一个高度发展的文化早在恐龙时代之前就已存在。当然，这个想法在那些积极维护正统理论的人看来是完全不可容忍的。

然而，不幸的是，正当这些人沉溺于正统理论的时候，在极为古老的岩层中，人们已经陆续发现了更多的人工制品。

新干商墓铜器之谜

◉ ◉ ◉ ◉ ◉ ◉ ◉ ◉

　　1989年9月，从江西省新干县大洋洲乡传来了一个令人振奋的消息：当地农民在程家沙洲取土护赣江堤坝时，偶然发现了一座埋有大量青铜器、玉器、陶器的古代墓葬。在这座大型的墓葬中，共出土青铜器四百八十余件，玉器一百余件、陶器三百余件，其中青铜器最为引人注目，数量之大，器类之多，造型之奇特，纹饰之精美，铸工之精巧，堪为江南商墓之冠，在全国尚属首见。依据出土器物的特征，专家们推断，这一墓葬的时代应与吴城文化二期相同，即相当于中原商代晚期，距今约三千多年。

　　墓葬坐落在高耸的沙丘中央，墓底仅距地面2.15米，东西向，室内有一棺一椁，椁室长8.22米，宽3.6米，东西两端各有高0.6米、宽1.5米的二层台。出土时，墓室中的各种器物均有规律地分布着，大部分器物都有用麻、丝织品包裹的痕迹，有的铜兵器上还明显地涂有朱砂，并用漆盒齐整装置；有的

古代酒具——斝

铜刀、玉戈等被有意折成数段后堆放在一起。同时还发现有大批陶器以及分属三个不同个体的24颗人牙等。根据发掘后整理的结果，墓内随葬的铜器有礼器、乐器、兵器、家具和手工业工具及生活用具诸类，仅礼乐"重器"就有鼎、甗、卣、簋、壶、豆、带把觚和大钺以及铙、铺等六十余件；兵器有戈、矛、刀、镞、短剑、甲胄等，计二百五十余件；农具和手工工具有铲、犁铧、锥、砧和刻刀、靴形器等，计120件，器型大中小都有。大者气魄宏伟，十分壮观。如通高110厘米，重85千克的大铜鼎；通高97厘米，重49.2千克的大方鼎

酒具——爵

等，均为巨制。小者制作细腻，纹饰繁缛，精美绝伦。如仅高10厘米、13厘米、5厘米的双耳鬲，假腹豆和扁兽足方鼎等，此外尚有奇异的双人面神器、羊角兽面器和立鸟双尾青铜虎等。堪与青铜器媲美的还有精雕细琢的玉琮、玉璧、玉环、玉簪和绿松石饰件以及玛瑙人物饰品等。陶器以鬲和小口折肩罐为大宗，有尊、豆、壶、钵等。有的带色釉系原始瓷质。

在商代，中原地区的青铜文化已经进入繁荣鼎盛时期，已发展成为中华文明的一个典型代表，闪烁着耀眼的光芒，千百年来，人们为之自豪，为之感叹。然而，地处鄱阳湖周围地区的同时期的文化居于什么样的一个水平，这里的青铜文化的面貌、特征、发展道路又是怎样的？它与周围的青铜文明是一个什么样的关系？在此之前我们可以说是一无所知。尤其是文献中常将这一地区称之为"荒蛮服地"，更影响到我们对这一地区文化发展的认识。

新干商代大墓中出土的众多器物中，有许多器物在江西还是第一

次发现。特别可贵的是，它们共出于一个单位，年代和组合关系十分明确。从这些器物可以看出，不少青铜礼器和兵器与安阳殷墟出土的同类器是一致的，反映了这里的青铜文化与中原地区的商文化有着密切的关系，显然是受到中原高度发达的青铜文化的强烈影响和浸润。但从中也可以看出明显的地方特征，如出土的乐钟、虎形器和部分兵器及工具等。不仅如此，从很多器物的造型、纹样和铸造工艺还可以看出，像立耳上饰圆雕老虎的扁足鼎、虎尊、假腹豆、云纹尾部上翘的铙、刮刀等，均是只见于江南或是首次出土的商时期的铜器。这应当都是当地工匠所铸造的。说明早在3000年前居住在这里的居民，已创造出自己富有特色的青铜文化。此外，墓葬中出土的玉器也相当精美，具有极高的工艺价值。如一件玉人头顶，用掏雕技法做成三个相连的链环，很难想象当时能有如此高超的技艺。又有一件十几厘米的玉管，有贯通的细孔，即使是现在，雕琢这样一件玉器，也是相当不易，更何况是在年代久远的商代！

如此大规模的墓葬和丰富的随葬品，不能不让人们去考虑另外一个问题：墓的主人是谁。可以想见，墓主人的地位是十分显赫的，堪与同时期的商王陵相比。发掘者推测，墓主人可能是南方一方国的最高统治者，即王侯或王室家族成员。也有人认为是商王朝派驻江南的重臣或方伯，更有人认为是南方越族的头领。对这一问题，还难以作出最后的结论，还有待于今后进一步地去探讨。

复活节岛智能文明之谜

自从20世纪60年代初在巴黎召开的两次世界天文学家会议以后，西方不少科学家对地球人的起源提出了一些离奇的观点。最主要的观点是：早在几十万年前，宇宙中曾有一个或数个智能文明来过地球，因此地球人的祖先是来自外星。这些科学家的依据之一，是地球上逐渐发掘出了年代古老的先进文明的遗迹，如复活节岛上的巨石人像。

智利的复活节岛，是世界上最孤独的地方之一，它坐落在茫茫无际的南太平洋水域，离南美海岸大约有3700米，离最近的有人居住的岛屿也有1000千米之遥。当人们发现这个海岛时，在它上面已经存在土人，还有就是代表着高度文明的巨石雕像。当时岛上的居民既没有雕刻这些巨大石像的艺术造诣，又

没有海上航行数千里的航海知识，人们不禁要问，是什么人雕刻了这些石像？他们为什么要这样做，目的何在？这一切使这个海岛笼罩上了神秘的色彩。如果没有这些石像，复活节岛就如同太平洋上的许多岛屿一样平淡无奇了。

复活节岛被发现的历史并不长。1722年，荷兰人罗杰文于复活节日登上一个小岛，这个小岛位于太平洋波利尼西亚群岛的东部，岛屿面积116平方千米，距离南美智利西海岸1850.5千米。罗杰文等人在岛上漫游，由于是在复活节那天登岛，因此该岛被命名为复活节岛。此后，西班牙人等欧洲的探险家们在几十年内先后多次登上此岛，引起人们极大探险兴趣的不仅是这个荒岛上有土人居住，更重要的是岛上的上

百尊巨石像。

罗杰文在岛上发现有六百多个巨大的石像，高10～921米不等，当地居民称石像为"摩阿仪"。当时约有一半的"摩阿仪"昂然矗立在火山的山坡上，凝视着天空或海洋，其余的石像大都面向内陆，安放在石台上，头上有顶髻状的圆形红色石冠。罗杰文对石像赞叹不已。这些石像，有着非常明显的特征。形态各异的长脸，略微向上翘起的鼻子，向前突出的薄嘴唇，略向后倾的宽额，垂落腮部的大耳朵，刻有飞鸟鸣禽的躯干，以及垂立在两边的手，这些奇特的造型赋于了石雕以独特的风采，使人一眼就能认出它们。另外，有些石像头上还戴有圆柱形的红帽，当地人称为"普卡奥"。远远看去，红帽子颇似一顶红色的王冠，更给石像增添了尊贵、高傲的色彩。

至于石像头上的帽子，并非所有的雕像都有，享有这种特权的石像仅三十多尊而已，只分配给岛东南岸15顶，北岸10顶，西岸6顶，这些佩戴红色石帽的石像宛如众多石像中的贵族。

使世人赞叹不已的石像已经成为这个天涯孤岛的象征。但在惊叹之余，人们不禁要问，石像代表什么呢？复活节岛上的土著人为什么要用简陋的工具去雕刻它们呢？

200多年来，上述问题深深吸引了世界各国的人类学家、民俗学家、民族志学家、地质学家和考古学家，他们纷纷踏上这个小岛，试图去揭开这神秘的面纱。

当专家们向复活节岛上的居民请教后，得出令人奇怪的结论，即复活节岛上的居民并不知道这些石像的来历，他们之中并没有人亲身参加过石像的雕凿。就是说，他们对这些石像的概念就像外人一样一无所知。

复活节岛上的巨石像正是被这些访客一次次地重复不断地写入游记、见闻、回忆录和日记里，才变得神秘起来。当摄影器材日益普及，电视走进千家万户之后，复活节岛这些巨大石像便传播到世界各地，家喻户晓，老幼皆知了。但谁都感到困惑：岛上的土著做这些石人像干什么？专家们感兴趣的是，这些石像是怎么加工的？历史学家感兴趣的是，石像是什么时代完成的？人类学家感兴趣的则是，这些石像应归属何种文化，又有何切实的涵义？

这些石雕像一个个脸形窄长、神容呆滞，造型一致，表明它的制作者是依照统一的蓝本加工的。而石像造型所表现出来的奇特风格，为别处所未见，从而说明它是未受外来文化影响的本岛作品。可是，有些学者指出，它们的造型与远在墨西哥蒂纳科瓦的玛雅—印第安文化遗址上的石雕人像，存在着许多相似之处。莫非是古代墨西哥文化影响过它，墨西哥远离复活节岛数千千米，这几乎是不可能的。

不可能的奇迹还表现在其他方面：这批石像轻的重约2.5吨，重的超过50吨，有的石像上戴着的石帽也是件吨位沉重的大家伙。它们究竟是如何被制作者从采石场上凿取出来，如何加工制作，又采用什么办法将它们运往远处安放的地方，使之牢牢地耸立起来。前几个世纪岛上居民还未掌握铁器，这一切多么令人不可思议。

于是，这里又出现一个相当严峻的问题——谁是岛上巨石人像的制作者？土人吗？显然这不太可能。

人们逐一统计了岛上的巨石人像，共有六百多尊。他们还调查了这些巨石人像的分布，在拉诺拉库山脉，还发现几处采石场。采石场上坚硬的岩石，像切蛋糕似的被人随意切割，几十万立方米的岩石被采凿出来。到处是乱石碎砾。加工好的巨石人像被运往远方安放，采石场上仍躺着数以百计未被加工的石料，以及做了一半的石像。有一尊石像最奇妙，它的脸部已雕凿完成，后脑部还和山体相联。其实再需几刀，这件成品就可与山体分离，然而，它的制作者却不这样做，好像忽然发现了什么，匆匆离去。

放眼望去，气势磅礴的采石场，的确让人感到一件不可思议的事情发生了，大批石匠不约而同地纷纷离去。采石场上零乱的碎石，好像是逃离时混乱的脚印。那些碎弃的石料上深深的凿痕，以及纷飞四布的石屑，又在向人述说当时充满热情与欢乐的劳动氛围。

工地上进度不一的件件作品，像凝固了的时针，指在突然同时停工的时间上，小岛到底发生了什么？

火山爆发吗？不是说这个小岛是由火山构成的吗？不错，但地质学家告诉我们，复活节岛固然是座火山岛，但是座死火山，在人类来到岛上居住以前，情况一向是稳定的。或许是狂风海啸等灾害造成工地停工？但是，岛上居民理应对海岛常见的这种自然灾害司空见惯，大可不必惊慌失措。再说灾害过后随时可以复工，但他们却没有这样做。

许多学者研究了分布于小岛各处那六百多尊石像，以及几处采石场的规模等情况后，认为这些工作量需要5000个身强力壮的劳动力才能完成。他们做过一项试验，雕刻一尊不大不小的石人像，需要十几个工人忙一年。利用滚木滑动装置似乎是岛民解决运输问题的唯一途径，同时，这种原始的搬运办法，的确可以将这些庞然大物搬运到小岛任何角落。但是，这无疑又要占用很多的劳力。这暂且不说，令人困惑之处还在于，在罗杰文初到复活节岛时，他说岛上几乎没有树木。这就不存在利用滚木装置运送巨石

伫立在孤岛上的石像一直注视着远方

人像的问题了。

那么，这些石像是怎么被搬运的呢？

还有，岛上这些石人像还有不少头戴石帽的。一顶石帽，小的也有2吨，大的重约十几吨。这又给我们带来一个问题，要把这些石帽戴到巨石人像的头上，又需要有最起码的起重设备。岛上树木不生，连滚木滑动这种最原始的搬运设备都不可能存在，吊装装置就更别提了。

再说5000个强壮的劳动力吃什么？靠什么生活？在那个遥远的时候，小岛上仅生活几百名土著人，他们过着风餐露宿、近乎原始的生活，根本没有能力供养5000个强劳力的粮食。小岛上的植被、耕地提供的食物，以及沙滩上偶尔漂浮而来的鱼虾，更难以满足如此众多人口的最基本的生活需求。小岛现在也仅拥有1800人，许多生活用品还要靠外来补给。

也许是宗教的力量，促使岛上的土著居民创造出这种人间奇迹。但岛上的原始居民并未信仰任何宗教，他们直至19世纪后期，法国传

教士到来之后，才渐渐接受并信仰罗马天主教。这些面对大海的雕像又究竟代表着什么宗教，连世居小岛的居民都说不清楚。

望着遍岛的斑斑疑痕，就难怪大不列颠博物馆考察队的队长斯科斯贝·鲁特里奇女士，会用一种极为迷茫而激动的语调，在她的回忆录中写道：

"因为岛上的气氛仍能使我们感到一种过去曾存在，而今已经消失的宏大规划和无限精力。但究竟是什么？又是为了什么？"

按照通常的规律，文明的呈现是复合的整体。意思是说，复活节岛上不应当只有这些巨石人像，而应当包括宗教信仰、神话传说，以及文字等文明产物。

据罗杰文等的回忆录介绍，当他们登上复活节岛时，曾在石人像附近发现大量刻满奇异象形文字的木板。

这种象形文字的确非常奇怪，它不同于中国古代的象形文字，也不同于印度、埃及的古象形文字。它的象形图案更趋于符号特征。它的笔触的粗细、深浅，似乎都表示

着某种含意，而且整个如同密码似的书写排列方式，都仿佛表现出某种波动般的节律感。

由于后来西方传教士的到来，这种为复活节岛上所特有的木板文字被大批烧毁。这些传教士说木板文字是"魔鬼的咒语"。这种愚昧绝顶的行为，使今天的研究者们大感遗憾，因为迄今为止收藏于世界各博物馆中的这种木板文字，总共不超过10块。其书写的内容，各国科家运用了包括电子计算机在内的先进手段，都未能解读。复活节岛——这个远离大陆的火山岩堆成的孤岛，似乎不可能有大陆文明光临过它，岛上居民居然能创造出令今人还难以破译的古怪文字，这不能不让人们感到奇怪。按常规理解，一个能创造出文字的民族，它应当具备伴随文字出现的其他文明，可惜除了难以解释的巨石人像之外，谁也找不出与创造文字相适应的其他文明的痕迹。

岛上居民的肤色还颇复杂，说明这是个多民族混居的小岛。可是罗杰文记述这些见闻的时候，岛上总共才有数百人口。数百人口又混杂着许多种族的人，真是让人疑窦丛生。

现代研究太平洋的学者认为，复活节岛上的巨石人像应属于波利尼西亚文化，其根据就是库克船长说到的岛上原始居民使用的语言，保留着南太平洋群屿的音韵。说明复活节岛居民的种族应源自波利尼西亚群岛。反对这种观点的学者指出，复活节岛远离亚洲，而十分靠近南美洲。作为整体情况而言，波利尼西亚是人类较晚迁入室居的地区之一，据研究波利尼西亚的历史不可能早于公元前9世纪，而复活节岛的考古调查表明，它最早在公元14世纪之后才有人居住，而更多学者认为复活节岛只是在公元1500年或1600年之后，才有人迁入居住。这距1722年荷兰人首次到来仅一百多年时间，如此短暂的时间，岛民不可能完成如此庞大的雕石工程。

这显然太荒谬了。

的确，从人种学角度入手，似乎可以找到解开复活节岛之谜的途径。

从宗教比较方面入手的学者们发现，复活节岛上的鸟人崇拜，颇似所罗门群岛上的绘画和木雕。所罗门群岛上的绘画和木雕所表现的鸟"人",也是鸟首人身,大而圆的眼睛,长且弯的嘴喙。同时,从生活习俗方面加以比较,又能发现复活节岛与所罗门群岛的相似之处。复活节岛举行庆典时,主持人必须把头发剃光,把头染红。所罗门群岛也有染发习俗,而且由来已久,并且相当普遍,而复活节岛只有在举行庆典时才这样做。这部分学者因此指出,复活节的鸟人崇拜和染发习俗,是受所罗门群岛的影响。

此外,复活节岛居民和所罗门群岛上的美拉尼西亚人,都有把耳朵拉长的习俗。罗杰文就曾看见复活节岛某些居民的耳朵一直垂到肩膀上。这种习俗也表现在雕刻艺术上,譬如复活节岛上的巨石人像有不少都刻有长长的耳朵,而长耳朵的石人像在所罗门群岛就更常见了。

然而,这些零星的材料并不能使人信服。因为有的学者认为复活节岛上的鸟人崇拜应起源于南美大陆,拉长耳朵的习俗在南美印加人祖先中也曾流传。

托尔·海雅尔达因成功地利用原始孤舟漂流远洋,他则坚持认为复活节岛的先民应来自秘鲁。

真是众说纷坛,莫衷一是。但耸立在复活节岛四处的巨石像,很

孤寂的小岛,是否曾经也有过繁华

容易使人想到位于安第斯山脉的蒂亚瓦纳科。因为那儿发现的巨石人像，其孤傲不逊的造型，面目清苦的面容，与复活节岛上的雕像如出一辙。但两地隔着高山和海洋，有近400千米的路程，这种空间的阻碍如何进行文化交流呢？

1531年，西班牙殖民主义者弗朗西斯科·皮扎罗率兵进犯印加帝国（今秘鲁境内），当他向当地印第安人询问蒂亚瓦纳科的情况时，他们告诉他谁也没有见过这座灿烂的文明古城——蒂亚瓦纳科毁灭之前的情形，因为它建设时，整个人类尚处在漫漫长夜的洪荒时代。

从这个残存的线索中，不禁让人想到一个问题，倘若复活节岛的巨石人像是受蒂亚瓦纳科的影响，那么，是谁把设计蓝图、加工办法和吊装设备带往遥远的太平洋中部一个小小的荒岛？

很显然，原始的土著民族是不可能完成的。那么，传播这种文化的又是谁呢？

复活节岛上仅生活着一千多居民，而在罗杰文来到之前，小岛仅有数百人，岛上没有树木，无法以采集度日，狩猎也不可能，因为岛上除了零星的鸟类之外，成群的老鼠便是岛上的唯一动物。

岛上的土著居民以近海捕捞为业。在他们目所能及的视野内，除了大海、太阳、月亮以及星星之外，就别无他物了。愚昧当然和蛮荒有关系。

然而，复活节岛上的居民称自己世居的地方为"特——比托——奥——特——赫努阿"，意思是"世界的肚脐"。

假如：我们能远离地球，从高空鸟瞰地球时，我们惊讶地发现，岛上居民对自己居住地方的叫法完全没错。复活节岛位于太平洋中部，正是世界的中部——肚脐！

难道，岛上的居民曾经从高空俯视过自己居住的地方？这显然是不可能的。那么肯定有人曾经从高处俯瞰过小岛，并把这些告诉岛上的土人。问题是这些人又是谁呢？

南美巨形图案之谜

南美曾经是古代印加人的帝国，这里有灿烂的文明，同时也有非人力所能企及的遗迹。这里有许多庞大的遗迹，大到必须要在空中才能观看其全貌。这的确是一个令人迷惑的谜团。

纳斯卡位于秘鲁纳斯卡和帕尔帕市之间的山谷和附近的一片高地上，这座山谷长60千米，宽2千米。这里有许多奇妙的图案，图形有正方形、梯形、长方形、三角形，可以用作长度在1~10千米的巨型"跑道"，跑道完全笔直，科学家们的测量结果表明，8千米长的跑道直线偏差只有1~2厘米。所有跑道两端都突然中断，仿佛被一柄巨大的斧头斩断一样。许多跑道的一端通向悬岩或深渊顶上，这使得有些人认为它们是道路。有些跑

道的中途还发现了石头路标的残片，它们每隔1.5米等距离地排在跑道一侧。同时，在几条跑道的交汇点上，构成一个与美国肯尼迪航天中心发射场极其相似的平面。机场的特点全都表现在这些巨大的图案中。另外，线条描绘的有别具风格的大花、几种其他植物、一只蜥蜴、一只秃鹰、一只蜘蛛和一只猴子。

纳斯卡引人注目的是巨大的机场图案。这些跑道被一些巨大的"之"字形曲线截断。在4条主要跑道的交汇点，还有一个由许多同心圆构成的方位标志，标明第五条斜伸出去的跑道，该跑道两侧还有两条不太明显的平行跑道，很像大型机场的辅助跑道。那些石头路标则很像飞机起降时的地面航标。

据测定，纳斯卡的地面跑道一条长1700米，宽50米。另一条跑道则构成1500米的二面角平分面，它们坐落在机场的理想地点：一片相对平坦的干旱高地，地面到处是坚硬的石头，能够承载重量最大的飞机降落；而四周没有植被又不会妨碍导航和驾驶员的操作；机场的供水由今天已经干涸的纳斯卡河解决；主要跑道无明显的坎沟；周围没有高山与冈峦，不会给飞机降落造成危险，跑道本身也不易损坏，没有检修上的麻烦。

如何完成巨大图案是一疑问这到现在也没有人给出令人信服的解释。同时，这些图案的用途也是疑问。可以肯定的是，这些图案不是为了装饰地面，也不是陶制品图案的简单放大复制。有人说这些图案是当时人们制造的"农历"。但这样的"农历"真是太大了，在需要查阅时，只得采用繁琐的办法，冒着生命危险，乘坐气球升到百米高的天空。天空是危险的，可能会跌到地面摔得粉身碎骨，或被飓风吹

到海洋中去，这无疑是一种疯狂的行为。历法是依据天象制定的，有人认为图案是为农业服务的，但是这样的历法在地面上看不清楚，而且它们的位置与人们猜想其所指的星座并不相符。那么，它们是外星人的遗物？当地的居民中流传的神话说，他们的第一个王朝的建立者芒戈盖拉和他的妻子来自天上……他们死后都被送到天上，载运他们的尸体的气球在太阳的照耀下越升越高……

纳斯卡的图画越来越神秘，至今仍为未解之谜。

美丽的神话总对应着神秘的图案

南美洲石像之谜

◎ ◎ ◎ ◎ ◎ ◎ ◎

在哥伦布到达美洲之前，美洲一直是印第安人的家园。但是，令人百思不得其解的是，在墨西哥和南美一些地方发现的古代艺术品中，竟出现了陶制或石制的其他种族人物的头像。

在墨西哥的特南哥地方，曾发现过一个奥尔梅克文化时代雕刻的翡翠人头像。虽然该头像的鼻部已经破损，但人们从其扁平的脸形、并不凹陷的眼窝、眉毛、前额和颧骨的特征，仍然一眼就能看出，这是个中国人的头像。

在危地马拉发现的另一个石雕人像，也明显地具有中国人的特征。这是不是意味着，早在很久很久以前，在中国历史上伟大的航海家郑和还没有下西洋之前，已经有中国人前往非洲了。果真如此的

话，他们是如何过去的呢？那时候还没有先进的船只和航海设备，更不可能是从陆地上跨海而过。

在墨西哥的委拉卢克斯发现的一个石雕人头像，一看就是个非洲黑人。那厚厚的嘴唇，圆圆的前额，明显地表现出尼格罗人种的特征，而与美洲印第安人的相貌完全不同。在危地马拉还发现过一个石雕人头像，鼻梁又高又直，下巴上蓄着长长的胡子，看上去像个闪族人，有人认为这是古代腓尼基人的雕像。

在蒂瓦纳科著名的太阳门旁边，也矗立着48个巨石人像。人们曾经以为它们是祭神的仪仗队或侍卫，如同通常的神庙前的石像一样。然而引人注目的是，这48个石像容貌各不相同，有的嘴唇厚，有

的鼻梁高，有的鼻梁矮，有的耳朵大。这吸引了考古学家和人类学家的注意。经过仔细考察，他们发现，这些石像实际上表现了地球上人类各个种族和主要民族的形象。

按常理说，艺术是生活的反映，古代美洲的印第安人很难雕出自己完全不熟悉的种族的人像，那么这些没有在其他洲生活过的人的雕像是怎么来的呢？

水晶头骨之谜

◉ ◉ ◉ ◉ ◉ ◉ ◉

1924年，一个探险队闯入了已经好多个世纪无人涉足的、世界上最大的原始森林地区。他们中一个是英国的探险家米切尔·海吉斯，其余都是跟随并帮助他进行探险的当地人。米切尔·海吉斯在牛津上大学期间，就渴望着有朝一日去世界各地进行探险。他一直相信，在哥伦布发现美洲新大陆之前，中美洲曾经有过一个很发达的、叫作"阿特兰蒂斯"的古代文明社会，后来这个文明衰落了。现在，他根据自己的推测，试图在这个森林里找到有关阿特兰蒂斯文明的线索和遗迹。依照当地土著居民提供的线索，经过好几个月的仔细搜寻，这一天他们来到一个掩映在浓密树林中的有几个貌似土丘的地方，上面长满了野草藤蔓，在透过树林的阳光下，熠熠生辉。这会不会就是当地人所说的那座古城的遗址？他们赶紧跑到土丘顶上，拿出工具开始进行紧张地挖掘。没过多久，几个石阶显露出来了。几个小时以后，展现在他们面前的是一个有数百个台阶的石梯，一直通向下面的平地。见此情景，随同的一个当地的向导对海吉斯说："我们终于找到它了。这就是你要找的那个鲁班埃顿古城遗址。"

使海吉斯惊奇不已的是，找到那座古城遗址后的第三年，在进一步发掘考察过程中，他的15岁的养女在设法搬掉压在已经倒塌的祭坛上的断墙石块时，突然发现在祭坛下面的尘土中有一个熠熠发光的东西：那不是水晶头颅吗？3个月之后，人们又在离祭坛7.6米的地方找到了与之相配的颌骨。水晶头颅的发现，使鲁班埃顿这座古城遗址的一切都变得那么不可思议，它似乎守藏着一个近千年的秘密。海吉斯开始怀疑起来，这好像与"亚特兰蒂斯"文明的遗址不一样，会不会是历史记载上的玛雅文明的遗迹？这是一个非常精致洁净的水晶头颅，长约18厘米，宽、高各约13厘米，重约5千克。在形状与构造上，与人的头颅几乎完全一样。奇特的是，头颅本身没有什么色泽，但是它能放射出一种明亮无色的光，如同夜晚明月的光环一般。如果把它放在房间里，屋子的四周就会不时地发出声音，那声音不像是乐器发出的声音，而更像是从人的嗓子里发出的柔和的歌唱声，在它发出的声音中还伴随着一阵阵响亮悦耳的银铃声。水晶头颅还具有给人的大脑中枢神经产生刺激的五种感觉：味觉、触觉、嗅觉、视觉和听觉。当人们看着头颅时，它的颜色和透明度会发生明显的变化，还会散发出一种香味；它能使观者听到声音，产生联想，使人感到口渴。凡是站在水晶头颅前静静沉思

的人都会感受到这些，同时身体以及脸部也会感到某种压力。如果一个感觉灵敏的人把手放在头颅附近，他就会感到一种特别的震颤和推力，而且手的冷热感觉如何取决于手在头颅上下左右的位置。

除了有节奏感的叮当声和人们发出的微微呼吸声外，屋子周围还会产生各种神秘的感觉和声音。夜里还会有奇怪的鹭鹚叫声和其他各种轻微的声音。研究过水晶头颅的多伦特博士说："头颅常常处在不断的运动状态之中，它的透明度、色彩总是在变化。头颅的前面部分有时会变得浑浊不清，就像软棉花糖一样，头颅的中间部分有时却变得十分透明清澈，在视觉上会产生有一个大洞的错觉。整个头颅从明亮的水晶颜色会变成一块块绿色、紫罗兰色、紫红色、琥珀色、红色、蓝色等。头颅还会对大多数观看者产生催眠作用。"更重要的一点是，由于水晶是折射性能极好的物质，物体形象通过水晶体会被散射或分解，而亮度和视角却没有什么变化，这样，这个水晶头颅成了一个极好的、占卜用的反射镜。显

然，这个水晶头颅很可能是当地宗教的信物。

然而，移居到尤卡坦半岛的玛雅人却没能达到他们原先那样高度发展的科学、艺术、文化程度，而且首领与祭司的地位变为同样的重要。每一个城市都似一个独立的国家，彼此经常发生冲突。不久，他们为墨西哥城北部的一个好战的部落托尔泰克兹人所征服，而原始的托尔泰克兹部落也被玛雅文化所同化，在玛雅艺术家的帮助下，托尔泰克兹部落也被玛雅人同一建起了新的城市。那么水晶颅骨是玛雅人祖先的遗物，还是出自托尔泰克兹——尤卡坦玛雅人的遗物？人们还无法断定。据考古学家发现，在尤卡坦玛雅人的古球场的东面墙边，立着这样一尊雕像：7个球员围着一只球，球上装饰着一个被割下的对方球员的头；无头的身躯横躺在他的脚边，无头的脖子里爬着7条海蛇，它似乎象征着输球一方7个队员的死亡，因为在球上的那个头颅的额骨两边，两条螺旋般的曲线正好拼出了一个玛雅文：死亡。这种球赛是不是一种用人作为祭祀

宗教仪式呢？而水晶颅骨又在那些古代宗教仪式中起着什么作用呢？上面的那些疑问至今还未找到确切的答案。

当然，水晶颅骨本身是能够向世人提供一些线索的。在古代人看来，水晶是一种非常神奇的东西，很像天国里冰冻的圣水，而天国被看作是一个光芒四射、闪闪发亮的海洋。早在4000年前，埃及人在死者成为木乃伊之前，就在他的前额上放上一块被称为"第三只眼睛"的水晶石，以便知道自己是否正走向永恒。用做死亡象征的颅骨是古希腊文化和中世纪基督教的产物。此外，在全世界的原始文化中，都可以发现有头颅崇拜的痕迹或现象。头颅的保存与崇拜，是因为原始人相信，那是圣灵神奇的护符，充满着知识与智慧。在西班牙和葡萄牙入侵中美洲之前，头颅崇拜在当地土著人的生活中也起着很重要的作用。例如，阿兹台克人的日历中间的地方就画着一个头颅；在密克台克人的黄金饰物上也刻着一个头颅。一位专家说，通过对水晶头颅的检测表明，这个水晶头颅的原

胚很可能是用沙子和水，并靠着极大的耐心磨制成的，表面的抛光很可能是涂硅砂与石英水晶微粒的合成剂的效果。可以肯定，水晶头颅具有宗教习俗上的某种象征意义，但它究竟象征着什么，依然不太清楚。然而，人们仍然感兴趣的是，水晶头颅到底是谁人之遗物？它到底来自何方？有人说，极大可能是玛雅人的遗物。还有人说，这会不会是海吉斯所想找到的那个"亚特兰蒂斯"文明的遗物。说法各种各样，大多都是推测，究竟如何，至今仍无人知晓。还有一颗水晶头颅，陈列在大英博物馆里。从1898年水晶头骨入展后，各国考古学家们纷至沓来，竞相考证，询问这件珍品的来历。但是，从资料介绍来看，真是令人失望得很，只有那几句简单说明词："水晶人头，1898年从美国纽约'提法尼'珠宝店购进，估计是殖民时代拉丁美洲阿祖提人的杰作。"第三颗水晶人头要到法国巴黎人类博物馆，那里会向参观者进行解释。在一个经常被众人围观的玻璃柜前，可以倾听到该馆人员的解说："这颗水晶人头经

过科学鉴定，被认为是14或15世纪墨西哥印第安人——阿斯特克人制作的。从历史和宗教角度分析，估计它是阿斯特克人的一个祭司牧杖的装饰，从而证明中古时期阿斯特克人已懂得水晶的美丽和水晶制作技术。表明他们很早就明白怎样冶炼铜，因在这颗水晶人头近处，发现很多精制的小型铜工具。看来水晶人头是阿斯特克人用铜制工具雕刻成的。"在众多听众中只有英国几个考古学家对此种解说表示难以理解，因为拉丁美洲的印第安人，于20世纪40年代还在密林中过着原始生活，怎能令人置信墨西哥的印第安人能在14和15世纪冶炼出铜并制出铜具，而又掌握到如此高超的雕刻技艺。

总之，三颗水晶人头究竟为何人何时所制，制其何用，还是只是为了一种装饰？曾传说拉丁美洲古代部落在特别礼仪时使用完整的人头作装饰；又传说祭祀时为镇住妖魔鬼怪而制作水晶人头。传说种种，考古学家对此均无一致意见，因此这三颗水晶人头的奇案，直到今天仍为世界考古界之谜。

远古时代的现代文明之谜

在现代人的探险和考古活动中，发现了许多匪夷所思的古代物品。这些物品表明，远古时代的人类已掌握了相当高超的现代技术，制造出了只有20世纪以后人类才能造出来的东西。远古的人类是怎样获得这些知识和技术的呢？

德国的考古学家威廉·凯尼西，在伊拉克巴格达博物馆的地下室发现了一个奇妙的罐子。

这个从保管箱中找出来的陶罐，是属于帕契亚人时代（前650～前250）的物品，是在巴格达西南方的格布特挖出来的。

乍看之下，它只是一个普通的陶罐，但开封之后发现内部有一长12.5厘米、直径3.8厘米的铜罐，而且铜罐的尾部是以铅锡合金焊成的，里面有已腐蚀的铁棍。

当博士得知此陶罐的构造之后大感吃惊，因为此构造与伏特所发明的电池完全一样。

接着，又在巴格达附近发现4个相同的陶罐，最后凯尼西又找到10个以上的陶罐。

1930年，美国电气工程师格雷决定按陶罐的详细构造重新制造出古代的电池，当然他并不知道古人以什么做电解液。但他经过考虑之后，决定利用硫酸铜进行实验，令人吃惊的是，此罐竟可发出1.5伏特的电力。

但是在两千多年前，帕契亚人到底拿这些电池做什么呢？博士们认为是用来给铜器或其他制品上镀金用的，至于真相则不得而知。

在南美哥伦比亚北部挖出了一个具有喷射机特征，且直径不到5

厘米的黄金打造品。

有一位动物学家亚文·桑德森博士认为，此黄金打造品是一种机械，而且他还在1969年的某杂志上公开发表一个假设：在古代南美可能存在一个有飞机的文明。

桑德森博士从各个角度拍摄此黄金打造品，经过分析后，他提出以下几个要点：

鼻部呈方形，这是旧式飞机的外型；

两侧眼睛就像是头灯；

"V"字形的深沟若加上防风罩就成了驾驶舱；

有一个类似升降舵的辅助构造；

前方的三角翼呈水平突出，朝下方呈弧形，尤其是尾部与现代飞机的尾部相似，在尾部上面还有一个特殊的记号。

总之，这个令人难以理解的黄金打造品，完全不像任何人类已知的动物形状。

飞机设计工程师亚瑟在看过此黄金打造品之后说："垂直尾翼的外观，显示这是一种飞机，虽然机翼的位置不对，不过如果在机尾装上喷射引擎，情况就不一样了。"

世界第一位火箭飞行员杰克曾指出："这黄金打造品足以令人联想到配置有火箭引擎的超音速飞机，甚至像F102战机。"

另外，航空技师霍亚则有另一种看法："朝下方的三角翼很像现在的协和式飞机，我怀疑它很可能做到紧急加速上升的超音速飞行，而且其翼端朝下，所以很可能是水空两用飞机。"霍亚又认为机尾有4个凹处的构造，也是属于喷射机所特有的。

总之，许多航空专家认为，这些小小的模型都具有超音速喷射机的形态。

另一个足以证实这些黄金打造品是飞机模型说法的是尾翼所雕刻的类似希伯来语的B字。

现在飞机的垂直尾翼上大都有

黄金飞机模型

航空公司的标志，而这些黄金打造的标志则与航空公司的标志类似，假设这是初期希伯来语的B，那这些"飞行物品"就应该是在中东制造的。

现在让我们把这个假设加以扩大，也就是说在中东制造的太古时代飞机，居然能横越大西洋飞到中南美洲的上空，且很可能也曾着陆与古代中南美人进行交流。

或许可以认为古代工匠绞尽脑汁的手艺与技术，把当时的飞机打造成黄金制品，然后再留传到后世？

苏美尔文明起源之谜

◎ ◎ ◎ ◎ ◎ ◎ ◎ ◎ ◎

历史学家认为，地球文明可能的起源地是苏美尔人生活的地区，因为后来的玛雅文明与苏美尔文明有很多相似之处。

苏美尔人突然出现，又突然消失于底格里斯河和幼发拉底河的下游。他们是于何时，以何种方法学习到楔形文字和宝塔式的建筑技术呢？这至今仍是个难以破译的历史之谜。

苏美尔城市是现在所知道的人类文明史中，历史最悠久的文明城市，于公元前4000年左右，突然出现于中东的底格里斯河和幼发拉底河两河的下游地区，即现在的伊拉克南部。正统的历史学家和考古学家取得共识，苏美尔城市不仅是以后古代东方文明的发源地，也是现代世界文明的发源地。

苏美尔城市地处美索不达米亚地区，这一地区数千年以来一直就是个环境恶劣、干燥酷热、河流泛滥，不适合人类定居的地区，那么，为何在此苛酷的自然环境下，会突然产生人类最早的文明呢？

谈到苏美尔文明，人们首先想到的是楔形文字的发明。苏美尔人不仅发明了文字，还发明了农耕技术、灌溉技术、建筑技术、法律、几何学、天文学以及都市国家的民主管理方法等，这些创始全可归于苏美尔人。然而，就历史时间而言，苏美尔人这些知识是在极短的时间里突然创造出来的，这一事实更使历史学家和考古学家目瞪口呆。人们不禁感慨，是谁有这么大本领在顷刻之间让苏美尔人聪明起来，使他们拥有的文明不亚于当今国家的文明？

美国太空界泰斗卡鲁·赛甘博士自有其独特的见解，他说："苏美尔文明是因靠具有强大能力的非人类系生物的授助而诞生的。"在公元前3世纪左右，巴比伦的祭司罗梭斯运用数千年以来的神殿古文书，写下了可信度极高的《巴比伦史》。其中写道：

"当太古的巴比伦地区的人类过着与野兽一样无秩序的生活时，在波斯湾出现了一种具有智慧的欧亚奈斯生物。形体虽像鱼，但鱼头下却有别的头，并有与人类手脚一样的东西，声音也像是人类。"

正是这种生物白天会从海中出现，与人类说话，并教导人类文学、科学、艺术、建筑、法律、几

历史悠久的建筑，是历史存在过的见证

何学原理、植物的区分、采集果实的方法等。但它却不吃东西可以生存。由于这种生物是水陆两栖动物，因此，太阳一西沉，它就立即跃入海中潜藏起来，一到早晨则又立即出现。根据这一记载，卡鲁·赛甘博士推断出，早在公元前4000年左右或更早以前，非人类文明就与人类在波斯湾沿岸某处有过接触，而苏美尔最古老的艾力多遗迹正在此地。艾力多遗迹现已被考古学家确认，根据用楔形文字所记载的黏土版文书中的"苏美尔王名表"所示，艾力多是"大洪水以前，从天降下王权的最初之都"。卡鲁·赛甘博士还指出：若将欧亚奈斯生物"如鱼般的身体"视为在暗示太空衣或潜水衣，"鱼头下的别的头"暗示的是太空帽或潜水帽中的脸的话，那我们很快就会得出结论，这是海中的非人类系智能性生物。

还有人尝试以更积极、大胆的主张来解说，他就是以色列血统美国籍的中东语言学家兼古代史研究家卡利亚·席金。他指出：与其说苏美尔文明的起源，是靠外星人的授助，不如说是在"大洪水"以前，苏美尔被外星人建成殖民地，苏美尔文明正是这块殖民地留下的文化遗产。他观察到，透过美索不达米亚（从苏美尔到亚述）、埃及、希伯来等中东一带的文献及《圣经》所出现的共同语中，都有一单词"塞姆"。且不论何种文书，都经常将它用于记述神的天上之旅或人类升天的场合。"塞姆"在当时的绘画文字（楔形文字的最初形态）之中，是"垂直上升之物"的意思。由此可见，它应是火箭、太空舱之类的飞行物体。事实上，在呈献给巴比伦的女神伊茜达尔的赞歌中，有一句就明显地将它当作飞行物体："天上的贵妇人乘坐'塞姆'飞行于人类居住的土地上。"除此之外，当时的绘画、浮雕、雕刻上也描绘着火箭形的物体。

总之，对苏美尔文明的起源可谓见仁见智，其说不一。到底哪种解释最终能被公众所接受，我们还应拭目以待。

晶洞火花塞之谜

◉ ◉ ◉ ◉ ◉ ◉ ◉ ◉

1961年，美国加利福尼亚州奥兰治市的洛亨斯宝石礼品店为搜寻珍奇宝石，派工作人员兰尼、米克谢尔和麦西三人前往奥兰治市东北方9000米处的哥苏山勘察。在接近峰顶的海拔1400米高处，三人找到了一块包在岩石中的晶洞。

晶洞，是蕴藏在石灰岩或一些页岩中的空心矿物体，其内部生有玉髓层，往往形成五彩缤纷的美丽的晶体，可以用锯子小心地分割为二，充分展示其内部的奇丽光彩，

大自然与人类发展的历史总是给我们太多的惊异

深受收藏家们的喜爱。

三人找到晶洞后，知道可能是值钱之物，不敢大意，当下由米克谢尔用钻石锯片的锯子，小心翼翼地把它锯开。

不料锯开后却感到晶洞内部包藏着特硬的金属物品，钻石锯片也被弄坏了。三人定睛细看，天哪！晶洞里居然有个汽车火花塞！

那是一个金属的圆芯，直径2.4厘米，圆芯外面包着一个陶瓷轴环，轮环外面又有一个已成了化石的木制六角型套筒。这个火花塞似的东西位于晶洞中间。此外，这个晶洞内还有两个小型金属物，一个像铁钉，一个像垫圈。两者用铜片隔开，这些铜片现已锈碎。

据地质学家估计，蕴藏有这个晶洞的岩层地质年代约有50万年。美国《知识杂志》编辑威里斯在研究过这些物品及其X光照片后，认为它与现代的汽车火花塞确实非常相似，显然是一个人工制品。

人所共知，现代汽车19世纪下半叶才问世，汽车火花塞的出现也不会更早。而晶洞内这个类似汽车火花塞的蕴藏物只能被制成于晶洞形成之前，即50万年以前。那时的人类刚刚从动物界中分化出来，还处于极端原始的阶段，他们怎么能制造出作为现代工业产物的火花塞呢？

1963年，这个晶洞曾在东加州博物馆展出3个月。后来，发现者之一的兰尼取得了这个晶洞的所有权，并以2.5万美元的高价将它卖给了一个不知姓名的人。但是，这个火花塞是怎样跑到晶洞里去的，仍然没人能弄明白。

巴西土城考古之谜

⦿ ⦿ ⦿ ⦿ ⦿ ⦿ ⦿ ⦿ ⦿

巴西是一片神奇的土地，要认识它或了解它的史前史是一件很困难的事。在巴西，考古发掘大部分要归功于运气，归功于外行人的努力和勤奋。正因为如此，一位叫路德维希·施维恩哈根的奥地利哲学家和历史学教授捷足先登。1928年，他第一个在他所著的《远古巴西史》中详细描述了充满了神秘色彩的"土城"。至此，"土城"成为考古学家和历史学家蜂拥而至的新的热点。

巴西"土城"在特雷西纳的北边，位于小城皮里和里奥隆格之间。它的纬度差不多是在赤道上，离海边只有三百多千米。初到"土城"的人会发现，这里没有杂乱的先前被层层叠放的石头残留物，没有带着尖尖的棱角和人工雕刻条纹的独石柱，而有一种和《圣经》中所描述的被上天用烈火和硫黄消灭掉的罪恶之地十分相似的神秘景象。这里石头被烧焦了，被可怕的暴力熔化了。在这里，稀奇古怪的石头造型和被分成数段的怪物巨兽别别扭扭地刺向天空。然而科学家在"土城"还没挖掘出人的尸骨。

从考古学家精心绘制的复原的平面图我们可以看到，"土城"周围的界线是一个相当精确的，直径为20千米的圆圈。"土城"被清清楚楚地分成7个区。在这7个区里，考古学家可发现碉堡、街道、神庙、篱笆、地下槽罐、大墙等遗迹。然而"土城"的神秘所在自有其不同的特点。首先，"龟甲"状地貌是"土城"荒野中有着特殊魅力的东西，由于缺乏研究，人们对何以出现这种情况茫然不知。再有，使考古学家和科学家诧异的是：被压成碎骨状的金属块，从岩石层中显露出来，在墙壁上还可见到呈长长点滴状的锈迹仍在向下延滴着。这些现象都是怎样产生的？到目前为止，还没有一个人能拿出被公众认可的原因。

然而最令考古学家和科学家不能理解的是：是谁在岩壁上画了那些画？那些画又意味着什么？这些史前的艺术家们在岩壁上画圆圈、轮子（带轮辐的）、太阳、圆圈中的圆圈、圆圈中的四角、十字和星辰的变体。有一幅画是这样画的，首先是一条直线，在线下面摆动着4个如同五线谱头的球体。史前的人怎会认识记谱符号，这些东西是不是另一种意思？画上有一个古印度浮雕，虽然它所显示的是9个"五线谱头"在中线之下，两个在中线之上。印度研究人员根据梵文鉴定这块浮雕描绘的竟然是一种飞

行器。这些岩画中最具特色和给人印象最深刻的是画有宇航员的一面墙：两个戴着圆形头盔的人物，在他们上方有一个东西，幻想家会把它描述成飞碟。在两个人物之间绕着一道螺旋线，其边上还有一个人的形象……

看了这些岩画，人们不禁要问，难道"土城"的居民真的见过宇航员和飞行器？这些宇航员来自哪个星球？他们来到"土城"的目的又是什么呢？"土城"曾经相当繁荣，它又是怎么一下子变成一片废墟的呢？

谁能解开这个历史之谜？

断壁的残垣，似还展示着昔日的繁荣

失落的罗马文明之谜

◉ ◉ ◉ ◉ ◉ ◉ ◉ ◉ ◉

据史料记载，公元前53年，即中国西汉甘露元年，罗马帝国执政官克拉苏集合了7个军团的兵力，发动了对安岛（今伊朗一带）的战争。罗马军在卡尔莱遭到了围困，克拉苏被俘斩首，唯一突围而出的克拉苏长子普布利乌斯率领的第一军团六千余人回国无路，便寻机东移，越过安岛东面边界，流徙西域。经过多年转辗，罗马人一部分归于康居，一部分归于大月氏。后来，康居将这支军队借给匈奴郅支单于。公元前36年，汉朝西域都护府陈汤、甘延寿将军率领军队征讨匈奴郅支单于，收降罗马人。汉文帝下诏将罗马人安置在番禾县南照面山下，置县骊靬。后来，大月氏发生内乱，寄身大月氏的罗马人就转移至骊靬县。汉人称罗马人为骊靬人、大秦人。隋文帝开皇十一年，即公元592年，鉴于骊靬人已被汉人同化，文帝下诏将骊靬县并入番禾县，骊靬县存在了628年。

世事沧桑，这段史实被重新提及，已是在1947年，英国汉学家德效谦在其《当代中国之骊靬》一文中认为，"中西文化的结合产生了骊靬"。骊靬最早出现在西汉的版图上，正是罗马帝国向安岛要求遣返战俘的时候，这绝非历史的巧合。

1988年，记者出身的澳大利亚学者戴维·哈里斯为寻找卡尔莱战役中古罗马帝国溃逃残部的下落，赴兰州考察。他和西北民族学院历史系教授关意权、兰州大学历史系陈正义等一起，经实地考察和查阅大量史书，从《汉书·陈汤传》

中，有关一支"土城外有重木城"拱卫，"夹鱼鳞阵，讲习用兵"的奇特军队的记载，提出永昌县境内的骊靬遗迹是古罗马军团一支溃军的安置地。这座古城在现在的甘肃省永昌县者来寨村。这一研究引起了全世界的注意，寻找古罗马人后裔的工作也就开始了。

据报道，在者来寨村附近的杏花村发现了一根一丈多长，四周嵌有几根一尺多长的木杆的粗大圆木，被文物专家认为极有可能是古罗马人留下的"土城外修木城"的器物；者来寨村的居民形貌也像欧洲人等等。

但是，当地人却对此说法很是不屑，他们认为自己是地道的汉人，说他们像欧洲人是无稽之谈；那根粗大圆木，当地人根本没见到过，现在也不知所终。

另外，从资料上看，可能生活在者来寨村的古罗马远征军的人数应该在150～1000人之间，最多不超过6000人，而且应该以男性为主。这些古罗马人生活在此，必然会留下语言文字、姓氏习俗、器皿甚至兵器等物遗存，但目前似乎缺乏这些遗存的发现和发掘，因而难以令人确信。

还有的学者提出，可以对当地居民的血样作DNA比较分析，不仅可以测定出他们是不是有欧罗巴人的血缘关系，甚至连是欧罗巴人的哪一支都可以测出来。

到底是怎么回事？我们拭目以待！

人类在漫长的历史变迁中创造出了许多奇迹

埃及金字塔之谜

◉　◉　◉　◉　◉　◉　◉

世界各国的科学家研究唉及的金字塔许多年了，但至今仍有许多谜示能解开。

（1）惊人的数学之谜和天文学之谜

在古代世界有"七大奇迹"，埃及的金字塔被誉为"七大奇迹"之冠，其中最为壮观的一座叫胡夫金字塔，它约建于公元前两千七百多年。塔高146.5米，塔基每边长230.6米，占地约52900平方米，总重量684.8万吨。塔身用230万块巨石砌成，平均每块重10吨，石块之间不用任何黏着物，而由石与石相互叠积而成，人们很难用一把锋利的刀片插入石块之间的缝隙，时近5000年，这是人类有史以来单个最大的人工建筑物。更令人称奇的是：

金字塔的重量×1015＝地球的重量

塔高×10亿＝地球到太阳的距离

塔高＝塔面三角形面积

塔底周长：塔高＝圆围：半径

塔底周长×（塔高×2）＝圆周率

你相信，这些数字仅仅是巧合吗？

另外，穿过大金字塔的子午线，把地球上的陆地、海洋分成相等的两半。

金字塔基正好坐落在地球各大陆引力的中心。

还有，地球两极的轴心指向天空的位置每天都在变化，经过2.5827万年的周期，绕天空一周回到原来位置，而金字塔对角线之和，就正好等于25826.6。

人们苦思冥想，如果不是巧合的话，4500年前的古代埃及人怎么有如此精确的测算呢？

（2）建造之谜

金字塔工程浩大繁琐，已经发现的八十多座金字塔，均用巨石建造而成。这么多石块大多就地取材，十多万块上等石灰石，来自尼罗河东岸的采石场；内部的花岗岩，则采自八百多千米外的阿斯旺，如此浩大工程需要多少石匠、运输工人和水手？又怎么运输？即使在今天，拥有世界上所有的技术手段的建筑师也很难办到。

金字塔建造精确。巨石一块块垒上去，石块之间没有任何黏接物，却拼合得天衣无缝，连薄的刀片也插不进去。四条底边相差不到20厘米，误差不到千分之一。锥角都是52度，这是自然形成的最稳定的角。方锥体的形状，迫使沙漠风暴不得不沿塔的斜面或棱角缓缓上升，把风的破坏力化解到最小。庞大的塔基奠定在地磁场磁力线中心，随地球运动而运动，所承受的振幅极其微弱，长年屹立不倒。

建筑金字塔的劳力从何而来。如此精致的伟大建筑，不仅需要大批建筑工人，而且需要相当规模的工程师、施工员和管理员，并且需

埃及金字塔

要一支有足够威力的军队，他们都要吃饭、穿衣，要耗去大量农产品。据估计，支持这样的建筑工程需要5000万人的劳力，埃及的农业仅分布在尼罗河两岸的绿洲上，能养活这些人口吗？

然而即使在20世纪80年代，埃及的人口也不足5000万，年产粮食800万吨左右，每年还需进口300万～400万吨粮食。当时，埃及人口至多为200万，如果照这样推算，修造金字塔只是异想天开了。于是有人就揣测是外星人参与其事，《众神之车》的作者罗·丹尼肯就是持这一观点的代表。

（3）神秘之力

最初发现金字塔具有神秘之力的是法国人，名叫鲍比。鲍比进入大金字塔里考察时，发现塔内温度很高，但残留于塔内的生物遗体却不腐烂，反而脱水变干，保存久远。因此，鲍比推测塔内可能有某种不可思议的力在起作用。

鲍比的发现引起了许多学者的兴趣。美国加利福尼亚大学也派出人员前去考察。他们进入塔内之后，发现所携带的各种电子仪器大都失灵。因此，他们推测塔内某处可能埋藏有巨大的磁石，由磁石发出的磁力，才使仪器失灵。据说，古时修筑金字塔的奴隶们每天都吃大蒜，吃大蒜就是为了抵销塔内磁力对人体可能产生的危害。这种说法并没有得到证实。

意大利的学者还发现，长时间在塔内停留，会使人的精神失调，意识模糊。为了证明这一点，有人在胡夫大金字塔里睡了一宿，第二天早晨果然头脑发昏，幸而被人救出。不少游客到塔内参观，时间一

壁画上的图案到底预示着什么秘密

长，也有这种感觉。学者们认为这就是所谓金字塔之力在发生作用，其效应可能是防腐和麻醉。

到埃及去考察金字塔，千里迢迢，极为不便。能不能在实验室里研究呢？于是，有的研究人员就别出心裁地制作出金字塔模型来进行研究，结果发现按金字塔实体比例缩小的金字塔，同样也能产生金字塔之力，也能产生与实体内部相类似的那种效应。

经过许多实验之后，研究人员确认了金字塔力的存在，并把特别的实验用的金字塔模型称之为"金字塔力发生器"。有了这种发生器就使这项实验的路子更加宽了。后来又有人用发生器滤过的清水洗头，可使头皮止痒；用来洗脸，可使面部皮肤感到滑腻。由上述实验证明，金字塔力有明显的防腐效应。

但是，事到如今，科学家尚不明白"金字塔之力"的形成原理。

（4）法老咒语屡屡显灵

埃及金字塔在四五千年漫长的历史岁月中，始终笼罩着神秘的面纱，充满了各种各样的神奇色彩，而其中最令人震惊且毛骨悚然的是金字塔墓碑上的咒语："不论是谁骚扰了法老的安宁，'死神之翼'将在他头上降临。"这些近似神话

如何解开金字塔的秘密，人类如今还是一头雾水

般的咒语无非是想告诫那些企图窥视墓穴中无价藏宝的后人，以防盗墓。

这座古墓位于"国王山谷"的峭壁脚下，它由4个墓室组成。有迹象表明，墓葬后不久，曾有盗墓者潜入前室。丢散在地上的珠宝说明他们胆怯了，未敢继续下手。墓门又被重新密封起来。整个墓穴基本上是完好无损的。

一进入墓室内，人们看到满地堆着无数珍宝，不由得欣喜若狂。但是当他们看到一块泥塑板上刻着一行文字，不由得打了一个寒噤："死亡将张大翅膀扼杀敢于扰乱法老安宁的任何人！"

正当人们半信半疑之时，麻烦的事接踵而来。首先是卡纳冯爵士在墓穴中被一只飞虫叮了一下，不久就死去。接着，梅塞纳爵士的秘书迪克·贝瑟尔、考古学家贝尼迪特和帕萨诺瓦、韦斯特伯里爵士和阿奇博尔德·里德（他曾用X光透视木乃伊）等人都相继死去。似乎图坦卡蒙王的复仇之剑追逐着卡纳冯爵士的所有助手和扰乱其安宁的任何人。仅6年的时间里，就有23

人莫名其妙地死去。

（5）电灯、彩电之谜

在古埃及的金字塔建筑群中，规模最大的一座是距今约4600年前，在开罗近郊吉萨建造的古王国时期第四王朝法老胡夫，古希腊人称之为奇阿普斯的金字塔，它内部结构极为复杂和神奇，并饰以雕刻、绘画等艺术品。由于墓室和角道里十分黑暗，这些精致的艺术作品需要光亮才可能进行雕刻、绘画，应是在利用火炬照明或者是在

传说中的古埃及有着不逊色于现代的文明

油灯下才能完成。当时如果真的是使用火炬或油灯，就必然留下一些"用火"的痕迹。可是，现代科学家对墓室和甬道里积存了四千六百多年之久的灰尘进行了全面仔细的科学化验和分析，结果证明：灰尘里没有任何黑烟和烟油的微粒，没有发现一丝一毫使用过火炬或油灯的痕迹。这是不容置疑的千真万确的事实。因为，现代科学家利用来化验墓室和甬道里灰尘的现代化仪器是目前世界上最先进的，它能够准确地分析出每一粒灰尘的100万分之一中的化学成分。由此可见，古埃及艺术家在胡夫金字塔地下墓室和甬道里雕刻、绘制壁画时，根本不是使用火炬或油灯来照明，而很可能是利用某种特殊的蓄电池或者其他能够发光亮的电气装置。令考古学家和历史学家们惊奇的是：距今四千六百多年前的古埃及人真的知道现代电灯之谜的秘密吗？这是现代人不可思议的奇谜。

一位著名的考古学家威夏劳·勒加博士在日内瓦向新闻界宣布：他在埃及尼罗河畔一座从未有人发掘的古墓中竟然发现了一台完好无损的类似彩色电视机的仪器。这台仪器与时下流行的彩电有较大区别，它只有一条线路，只能接收一个电视台的节目。它有4个三角形的荧光屏，屏的四周都镀了黄金，它的机件是目前最先进的金钛制造的，质地极为坚固。该机已不能工作，虽然经历了4200年，但它的太阳能电池作为动力仍能正常操作。

由于古埃及人既没有制作电视机的材料，也不可能具备高精度的工艺水平，因此，专家们认为它极可能是外星人送来的礼物。电子工程师里察·蒙纳花了近一个月的时间细致地检查了这台电视机，并查清了它的线路和工作原理。他准备用当前最先进的技术复制出一台同样的彩电来，以试验它是否能接收到另一个星球的电视信号。

楼兰古城消失之谜

◉　◉　◉　◉　◉　◉　◉　◉

在塔里木盆地的东部，罗布泊洼地的西北边缘，有一个几乎完全被沙丘所湮没的遗址，即楼兰城遗址。楼兰是西域36国之一，司马迁在《史记》中曾提到这个国家，"楼兰、姑师，邑有城郭，临盐泽"。看来，汉通西域之前，楼兰王国已存在多时了。在公元前77年，即汉昭帝元凤四年，汉朝派傅介子刺杀了楼兰王，将其国名改为鄯善。以后鄯善的中心移到了今若羌县一带。

昔日绿草遍地，人往如织的繁荣故城——楼兰，在公元4世纪以后，却突然神秘地消失了，留下的只是"城廊巍然，人物断绝"的不毛之地和难解之谜。

（1）惊世发现

1895年2月，瑞典探险家斯文·赫定首先闯入罗布泊地区，打破了罗布泊沙漠的沉寂。在考察过程中，由于突遇风暴，斯文·赫定险些丧命。亏得一只水鸟将他引至一小水潭边，才使他幸免于难。

斯文·赫定的第二次塔克拉玛干之行则充满了戏剧性。1899年9月，期文·赫定在瑞典国王奥斯卡和百万富翁贝尔的资助下，开始了对塔克拉玛干沙漠的第二次探险。斯文·赫定一行驾小舟沿叶尔羌河进入塔里木河，抵达若羌绿洲。1900年2月，他又组织一班人马向罗布泊荒原进发，3月29日深入到罗布泊西北岸。在准备宿营时，他发现铁铲不慎遗失在昨天停留的地方。茫茫沙漠，水是性命攸关的东西，而铲又是他们唯一的挖水工具。斯文·赫定不得不命令向导艾尔德克

回去寻找。艾尔德克强忍饥渴立即出发，幸运地找到了这把铁铲。就在返回途中，突然狂风大作，飞沙打在脸上使他无法睁眼，他迷失了方向。风暴停息后，艾尔德克面前出现了一些高大的泥塔和房址，起初他以为这是千年难遇的"海市蜃楼"，但走近一看，才发现这是一座被风沙半埋的古城。当艾尔德克带着古城的木雕，并将所遇的一切告诉斯文·赫定时，斯文·赫定欣喜万分。他的工作日记记录了这位探险家当时激动的心情："这些精巧的蜗卷文和草叶文雕刻使我眼花缭乱了，我打算再回去，但是这想法太愚蠢！我们只有两天的用水，于是我决定明年冬天做好准备，必定要回到那座古城去。"由于斯文·赫定预感到艾尔德克的发现极为重要，将会"使亚洲中部古代史上得到不曾料到的新光明"，所以他迫不及待，于第二年初春就重返沙漠中那座神秘的古城。在泥塔底下支搭帐篷，大肆盗挖了一个多星期，共掘获了佉卢书和大批汉、唐古币及各类精美的丝织品和雕刻品。回国以后，斯文·赫

定根据古城出土的佉卢简牍上的"Kroraina"一词，认定这座古城正是中国古代史籍所记载的楼兰。消息一经传出，立即轰动世界。此后，楼兰便成了塔克拉玛干沙漠著名的考古圣地之一，楼兰古物也成为各国冒险家激烈争夺的对象。

（2）揭开楼兰古城的神秘面纱

矗立在罗布泊西北岸边的古楼兰城遗址，其出现的年代在西汉末至东汉初，延续至魏晋时期，以后便逐渐荒废了。

古城位于罗布泊西北附近，距罗布泊岸边约28千米。其地理坐标是东经89°55′2″，北纬40°29′55″。古城的四周大多是风蚀的"雅丹"地貌。遗址在两条古河道的中间，古河道是西向流入罗布泊的河流，古城中间有一条水渠与这两条古河道相连，从西北向东南斜穿古城遗址。

楼兰城的城墙用黏土与红柳枝或芦苇间杂修筑，红柳枝层厚约20～30厘米，黏土层则厚薄不一，薄者仅12～15厘米，厚者可达1米。

楼兰城内的建筑遗迹，若以斜穿城址的水渠为界，可以大致分成

东、西两部分。东部从北向南，主要残存4座建筑遗迹：佛塔与3处房址。佛塔在楼兰城东部中间偏北，残高10.4米。塔基方形，共3层，采用夯筑的方法，夯土内可见有陶片，外缘用土坯包边。塔身呈八角形，残高约2.1米。塔顶圆形，直径约6.3米，残高约2.1米。塔身和塔顶用土坯砌筑，每层土坯之间加10～20厘米厚的红柳枝。塔身内有桩木。在塔的南侧，塔基与塔身之间尚保留有供攀登用的土坯阶梯。

比较集中的房址有3处：在佛塔东南约60米的台地之上，有一处大房址，可以看见尚有3间房室残迹，地表周围还可见到许多散布的木框架构件，推测原建筑规模较大；另一处在佛塔之东约30米处的台地之上，地表也散见大量木框架构件，以及用红柳枝编织涂泥的残墙，在表层堆积之下，残存4个小室；在另一处偏南的房址遗迹中，则发现有印章、铜铁箭链和珠饰等。

城内渠道之西，遗迹较密集，在楼兰城中略偏西南处，建筑遗迹规模最大。这是一座较大的院落，平面略呈现不规则长方形，坐北朝南，东西长57米，南北宽约30米。院内沿北墙和东墙各有一排建筑，北面的一排是主体建筑，残存6个房间，墙壁用红柳编织涂泥，有的房址前尚保存有3级阶梯。最大的一间面积为（10.5×11.4）平方米。残存的木柱下有木雕圆形柱础，有的立柱还与梁相接。

在西城墙下，亦有一组较大的建筑，南北长20多米，东西宽约15米，是由许多房间组成的一组建筑，有的房屋建筑设在中央大厅，四周房间与大厅相通，房间的木门框犹存。此外，在城西侧的北部和南部，也有大量的建筑遗迹。可见在楼兰城被废弃之前，城内建筑是非常密集的。

在城中还有一处范围近100平方米的垃圾堆，厚约3.6～4.5米，在此处清理出有大量汉文简牍和少量的佉卢文简牍，以及陶、铜、木器、漆器、丝、毛织品等。

从出土的汉文简牍分析，城中西南的大院落为长史衙署遗址，其附近为长史衙署的附属建筑。建筑形式一部分具有内地建筑的特点，一部分则保持了当地的建筑形式。城内渠道之东的一组房屋建筑，规模宏伟，是高级官吏邸宅和客馆。散布在城内的其他建筑，可能是当地土著与汉族的杂居区，而南城似乎为军事驻地。

现在楼兰城内遗留下来的主要遗迹，其年代大多在魏晋时期，在公元376年前后，西域长史机构撤离了楼兰城后，该城逐渐荒弃了。

（3）扑朔迷离的文字

不仅楼兰文化的发祥问题扑朔迷离，而且楼兰人使用的文字也颇令人费解。从考古发现看，我们知道楼兰人使用的官方文字是佉卢文。据乔治·布勒等人的研究，佉卢文属于腓尼基字母体系的拼音文字，是从阿拉伯文演变而来。目前所知道的最早的佉卢文，是公元前3世纪古印度阿育王颁布的摩崖法敕。1世纪前后，中亚贵霜王朝曾将其作为官方文字之一，2世纪以后，贵霜碑铭逐渐采用波罗谜文，以后，随着王朝的灭亡而被废弃了。当佉卢文在阿富汗等地趋于没落之时，却在中国古代于阗、鄯善、疏勒、龟兹等王国里被沿用

下来。就目前发现的佉卢文简牍数量而言，在中国新疆发现的材料最多、最系统和完整。为什么楼兰王朝使用这种在中亚已经绝迹的文字？难道"楼兰民族"是从中亚迁入本地的"外族人"？果真如此，那么他们经过了怎样的迁徙路线？在他们迁入之前，该地是否居住着本地土著？他们与土著的关系如何？由于解读佉卢文有一定的难度，并非所有的资料都得到了释读，已释读的内容也有争议。可以肯定，要完全了解楼兰文化的内涵，全面解读佉卢文资料是一个关键。

当然，楼兰发现的佉卢文只是一种宗教和官方用语，并不是生活语言。本族人讲的语言是吐火罗语，这也是一种印欧语系的语言，早已成为"死语言"。吐火罗语在塔里木盆地有广泛的分布，有若干方言区。楼兰人讲的是"欧洲语言"，难道他们是从更远的欧洲经中亚迁入的最早欧洲移民？研究者仍然十分慎重。因为虽然楼兰人使用印欧语系的语言，但单有语言证据并不能肯定其为欧洲的后裔。

（4）楼兰女尸

1979年，新疆考古研究所组织了楼兰考古队，开始对楼兰古城古道进行调查、考察。在通向楼兰道路的孔雀河下游，考古队发现了大批的古墓。其中几座墓葬外表奇特而壮观：围绕墓穴是一层套一层共7层由细而粗的圆木，圈外又有呈放射状四面展开的列木。整个外形像一个大太阳，不由得让人产生种种神秘的联想。它的含义究竟如何，目前还是一个未解之谜。木棺中还保存了几具较为完好的楼兰女尸。这些"楼兰美女"脸庞不大，下颏尖圆，鼻梁高、眼睛大，双眸微闭，体态安详，她们的头发浓密微卷，散披肩后，充满了青春气息。头上戴有素色小毡帽，帽檐缀红色毛线，帽边插几支色彩斑斓的雉翎。女尸裸体，周身裹毛织布毯，以骨针或木针连缀为扣，双脚着短统皮靴。墓中出土木器、骨器、角器、石器，草编器等器物。木器有盆、碗、杯和锯齿形刻木。有5件木雕半身人像，其中4件具有明显的女性形象，双乳丰隆，臀部肥大。这批墓葬标本，经碳−14测

人们正在解开楼兰古国的神秘面纱

定其年代距今约4000年，相当于中原夏商时期，这是目前所知最早的楼兰人墓地。

（5）神秘消失的绿洲文明

现在，由探险和考古发现所揭示出来的楼兰文明越来越清楚地展示在人们面前。这个处于东西交通要道的走廊，荟萃了东西方文明的精华，从已发掘的遗址范围、所出

土的文物内涵看，当时的城市文明已经达到了相当高的水平。

就建筑而言，明显具有东西方建筑两种特色，故被称为东西方建筑的分水岭。城市的形制有方城和圆城，以方城多见，可知在城市建设上受中原文化的影响更多一些。这里的民居非常有特点，采用地埑式结构，只要地埑存在，房柱则不易倾塌。遗址内的居民区可见排排房柱丛立，宛若被风沙蚀食过的树林。这些民居一般由3～5间组成一套单元房屋，有的甚至多达8间。1959年，新疆博物馆清理的第10号房址，大厅南北长7米，东西宽5.5米，面积达38.5平方米。大厅的规模如此之大，为中原所不见。值得注意的是，有的大厅一侧设炕，有的两侧设炕，有的三面设炕；有的大厅还发现了火塘遗迹。可见，大厅也用于居住或宴享。

生活遗迹就更见精细了，如烤馕坑、木制餐具（有木桶、盆、碗豆、勺、筷子、瓢、案、酒杯、木叉、搅拌杆等）、小铁刀、陶甑、陶釜等，无不透出生活中的智慧。筷、叉共用的现象，恐怕是最早的

实例。

艺术上也带有东西交流的特点。西域是音乐和舞蹈的王国，在考古发现的壁画图像上有明确的反映。所见乐器有琵琶、竖箜篌、筚篥、排箫、铜角等，舞蹈的场面更为常见了。绘画和雕刻艺术也都非常精美，如各种木雕、石雕及金属雕刻均不乏巧工之作。

楼兰考古最为精彩的一点，恰恰是其具有多元民族、多元文化相结合的特点。宗教信仰和物质习俗也均表现出这种特点。如1997年新疆文物考古所在尉梨县营盘古城附近发掘的一座汉晋墓地，出土文物包括汉晋的绢、绮、缣、丝绣、织金锦、汉代铁镜等中原风格的东西，以及中亚风格的麻织面具、黄

荒茫沙漠，寻觅楼兰

金冠饰、金耳环和金戒指等，还有来自波斯安息王朝的玻璃器皿和古希腊罗马风格的毛纺织物等，可谓收尽了当时天下的宝物。

这种多元文化的格局正是塔克拉玛干沙漠文明赖以生存和发展的基础。从地域位置看，它处于各主要文明的边缘，似乎是一个"文化边缘地带"，而实际上却是各民族文化交流与展现的舞台。

楼兰古城出土的汉文木简和文书的纪年多数集中在公元270年前后，这些文书主要是当地行政机构和驻军的各项公文及公私往来信件，内容比较丰富，从中可以看出楼兰城的驻军概况和各屯区农业生产、水利与生活的一些情况；可以了解到楼兰城内生活的有关情形，如城内设有仓库、客栈和医院，有制造铁工具和兵器的手工业，有以谷物丝帛作价的商业活动。此外，文书还记录了一些有关城内居民与户口、法律等方面的情况。

然而，就是这样一个绿树环绕、水流清澈的可爱绿洲，一个丝路商旅翘首以望、寄托情思的贸易中继站，一个楼兰人世代眷恋的家园，却在公元4世纪以后，突然人去"楼"空，成了一个黄沙覆埋的废墟。究竟是什么造物力量让昔日盛极一时的古国突然毁灭了呢？从楼兰古城遗址得到的汉文简牍中可知，楼兰士兵的口粮呈渐次减少的趋势，甚至有"宜渐节省使相周接"之语。导致粮食紧张的主要原因是环境恶化，生态失衡，水源日益不足。在出土文书中还有不少关于用水紧张、不能下种，要求配水和水源严格控制的记录。这些都表明4世纪罗布泊地区的自然环境已发生了较大变化。虽然楼兰人曾经顽强地与恶劣的自然环境作过斗争，但最终仍不得不放弃他们心爱的家园。漫漫黄沙遮盖了昔日绿洲上的城市，一个辉煌了很久的文明就这样永远消失了。

张壁古堡之谜

◉　◉　◉　◉　◉　◉

山西省的介休市，是个地图上极不起眼的小城市，从介休市南行十多千米，有一个三面临沟、一面靠山的村叫张壁村。

从1994年开始，张壁村村民平静的躬耕生活被打破。在这个占地仅0.12平方千米的小小山村中，密集着中国迄今为止，其他地方尚未发现的集文化、宗教、军事于一体的古建筑群，而且发现了一个结构精巧、令现代军事专家拍案叫绝的古地道。这些建筑和地道，留给了文物学家难解的千古之谜。

据历代的《介休县志》记载：介休有九寨四十堡，唯独没有记载张壁堡，这是编著者的疏漏，还是有意避而不谈？令人费解而又耐人寻味。

城堡的设计者堪称旷世难得的建筑奇才。城堡周长1300米，从南至北300米，从东至西400米。弹丸之地，竟有空望佛行宫、关帝庙等9座庙宇，9口深水井，集军营、校场、仓储、民居、地道于一村，建造规范整齐，民居布局井然有序，庙宇点缀适当得体。历经千年，至今保存完好，极具神秘色彩。

那么，这个神秘的古堡又是什么人所建的呢？

据《资治通鉴》记载：公元617年，隋朝将领刘武周率部杀死太守，又派人沟通突厥，组成起义军反隋。由于攻无不克，突厥立他为"定杨可汗"，于是他就自称皇帝。隋灭之后，他又主张反唐，赐封妹夫宋金刚为宋王。宋挥兵南下，于公元619年攻克介休，派偏将尉迟恭据守。第二年，宋被李世民击溃，带领随从逃往突厥。

尉迟恭驻守介休近一年，有时间也有必要建一个"易守难攻、退避有路"的城堡，但尉迟恭后来被说降，只好废弃地道。古堡逐渐变成了单纯的居民村落。

奇怪的是，史书和《介休县志》各种版本找不到构筑张壁堡的片言只语，查遍县城及有关碑碣，也无从稽考，这实属于一大历史之谜。所以，尉迟恭建堡也只能说是猜测。

张壁古堡的地道至少有3500米长，分为上、中、下三层，上层距地面仅数米，下层距地面十多米。每层每条都有通道相串联，有贯眼可通话、瞭望。而每层地道隔一段距离就有大小不等的拓宽区、旁洞，小则2～3米空间，大则可放两个班的兵力。地道下层有较宽敞的仓库可储粮草，还有喂马的马厩。有趣的是，地道距地面最薄的地段设在两个堡门洞下和重要的交通道口，地面上碾米、步行，甚至咳嗽、谈话，地道里都能听得一清二楚。

张壁古地道始建于何时？至今众说纷纭。在古代没有火器和现代化设备的情况下，要攻破这样坚实复杂的地下工事，几乎是不可能的，它绝对是世界战争史上不可多得的创举。

古堡南门外关帝庙的东侧有3孔砖砌的窑洞，中间一孔里有一座两头靠墙。上渐达顶的木雕神龛，龛前还设有供桌供椅。"文革"期间，要把"千手观音殿"改为仓库，当人们搬掉神龛后，发现后墙壁有破绽，出于好奇，便动手撬砖。结果，奇迹出现了，原来里面是个墙柜式的神龛，供奉着一尊塑像，坐姿如佛，神态似道，衣冠像官，谁也搞不清塑的是什么人物。

过了十年，有一位参观者看到塑像外表的泥剥落，用手抚摩时，才发现内中是一尊实心的铁铸像。

1994年，几位著名的专家和教授也参观了这一奇迹。他们说，中国的铸像都是分解开铸成，然后再焊接起来，中间是空的，像这种整体实心的铁像，没有见过。

那么，这尊铁像到底是谁？为什么要用砖密封？为什么外面要加泥塑？为什么又用"千手观音"遮

掩？又是个千古之谜。

　　天下的二郎神都是三只眼，《封神演义》一书也有文字记载，

唯独张壁古堡的二郎神是两只眼，这又是一个谜。

神秘的石城之谜

◉　◉　◉　◉　◉　◉　◉

蒂瓦纳科是一座建立在高山上的石城，从残存的遗迹还可看出，那原是一座坚固而庞大的城池，建筑宏伟而又谨严，四面是巨大石块砌成的高高的城墙，宽阔的石阶通向雄伟的城门，每个城门都用整块的巨石凿成。如今，城门之内空寂荒凉，庙宇和宫殿也早成废墟。但那些每一块都大得惊人的巨石，仍然不能不唤起人们的惊叹与困惑：这座宏伟的石城是谁建造的呢？

印加人对这些他们到来之前就已经消失的蒂瓦纳科居民毫无所知。他们只记得一个古老的传说：蒂瓦纳科是在洪水退去之后，由来历不明的巨人在一夜之间建造起来的。因为这些巨人不听太阳会升起的预言，所以遭到太阳光线的毁灭，连他们的宫殿也被摧毁。

另一个传说则说：很久以前，一场大洪水持续了60个昼夜，淹没了所有的城市和村庄。洪水过后，安第斯世界的造物主维拉科查来到蒂瓦纳科，他是个长着胡须的白人。人们在蒂瓦纳科找到了造物主维拉科查的石像，他睁着一双大眼睛，嘴唇周围留着浓髭，与下巴尖削的胡须连在一起。然而南美的土著居民都是不留胡须的。因此，这个维拉科查到底是谁，他从哪儿来，也就成为令考古学家们无法解释的难题之一。

从20世纪50年代起，玻利维亚政府在著名考古学家庞塞·桑金斯主持下对蒂瓦纳科进行了大规模的发掘和研究。发掘和研究表明，蒂瓦纳科的建造和发展，大体经过了5个时期，时间大约从公元前200

年到公元120年，前后经历了1400年的时间。5座城市的遗迹重叠交错，十分紊乱。经过多年考察和研究，仍有许多疑问无法解决。

其中最大的疑问，就是那种不可思议的巨石建筑技术。这种巨石建筑，在史前的南美洲屡屡出现。如马丘比丘、皮沙克和萨克塞胡阿曼，但最突出的还是蒂瓦纳科。这座古城使用的巨型石块每块都重达数十吨以上，切割得非常完美，棱角磨圆，甚至表面都做了抛光。在整个巨石建筑中，没有一处使用过灰浆或水泥之类的黏合剂，石块之间拼接得天衣无缝，给人的印象是

这些施工者们切割这些巨石就像切割黄油一样容易。要说古代印加人用简陋的石镐就能完成这一切，实在令人无法相信。

在蒂瓦纳科的西南端，有一处废墟，名叫普玛·普库，它是蒂瓦纳科的最大建筑之一，但已彻底倾颓。今天的人们已不知道它原来是官殿还是庙宇，但它的废墟仍非常宏伟，其中最大的一个巨石平台，长40米，宽7米，高2米，估计巨石重达1000吨！这些巨石加工得非常精细，全部经过打磨和抛光，如同用最先进的机器、硬钢铣刀和钻机制作出来的一样。更令人难以想象

人类总是面对历史留下的废墟，惊叹不已

的是，在这里还发现了一些大石块制成的预制建筑构件，这些构件上有多处精确的凹槽、轨道和孔洞，几何形状非常复杂。有人曾做过一个模拟实验，将其中3块预制构件的准确数据输入电脑，很快就可以看到，这些凹槽和轨道相互咬合得天衣无缝，不用任何灰浆，就能筑起一道没有缝隙的围墙。

今天，制作这样的精密产品，也必须使用钢铣刀和钻机，必须有预先精确设计的图纸和模具，任何细微的误差都会使构件报废。而史前的印加人不懂得任何金属，也没有文字。那么，这些构件的设计者和施工者又是谁呢？

还有，蒂瓦纳科附近并没有采石场。据考古学家检测，这些巨石是从200千米以外运来的。采石场与蒂瓦纳科之间的道路非常简陋，即使是当今最杰出的工程师，使用最现代的科学技术，恐怕也没法搬运这些巨石，何况我们可以肯定，当时的印加人即使有可以负重的家畜，也没有发明车轮。

在西班牙人刚刚到达这里时，一个教士听印加人说："蒂瓦纳科的巨石，是应着号角的响声，由一些天赋禀异的生物，从空中运到这里来的。"这当然是一个神话传说，但它是否也曲折地反映了某些历史呢？

蒂瓦纳科西北不远就是的的喀喀湖。20世纪60年代，潜水员在湖底发现了一些建筑和石块铺成的道路。这些石块琢磨精细，就像一种巨型的智力测验拼图。据印加人的传说，湖底淹没的宫殿是大洪水前的建筑。的的喀喀湖的芦苇岛上住着乌罗人。他们自称，当世界还处于黑暗中时，他们就已存在了。

的的喀喀湖也被称为"世界的肚脐"，与另一个谜一样的地方——复活节岛的称呼一模一样，这又是怎么回事呢？

考古学家和历史学家们不得不承认，对于蒂瓦纳科的一切，我们还知道得很少很少。

巴比伦古代文物之谜

◎ ◎ ◎ ◎ ◎ ◎ ◎ ◎ ◎ ◎

　　美索不达米亚是世界上最早的文明发源地之一，也就是传说中亚当的花园。它位于伊朗和伊拉克之间的交界地区，早在5000年前，苏美尔人、亚述人、巴比伦人等民族先后在这片肥沃的土地上定居。大约在公元前2220年，汉谟拉比的祖先在幼发拉底河岸建立了一个很不起眼的小村庄，后来经过不断地扩充、发展，逐渐成了北部平原上最大的城市。特别是到了汉谟拉比登基后，他南征北战，终于造就了声势浩大的巴比伦帝国和世界上最壮观、最繁荣、最美丽的城市，著名的巴比伦巴别通天塔就是其中的一座庙塔。

　　然而随着岁月的流逝，古城巴比伦像个泥足的巨人，经过1500年辉煌时代后，到了公元4世纪后倒了下来。本来是用泥土筑成的东西，终于又化为泥土。他们在这片平原上建立起来的具有高度灿烂文明的繁荣城市，后来都成为一个个美丽的传说、一堆堆泥砖和残破的瓦砾。他们为诸神建造的那些伟大

随着岁月的流逝，巴比伦就像个泥足的巨人

的高耸入云的砖造庙塔，至今仍默默无语地屹立在废墟之中，并随时都有化为尘土的可能，然而他们也给后人留下了数不清的谜团和一个个巨大的问号。

近两个世纪以来，随着考古学的不断发展，研究巴比伦古代文物的专家、学者越来越多，但是由于这些古迹都已遭到极度破坏，考古学家只能凭着《圣经》时代的记载和近代出土的文物，来解开那一个个巨大的谜团。

希普雷克特是宾夕法尼亚大学亚述学教授，也是在这方面颇有成就的专家之一，他那本书名为《楔形字文献：来自尼普尔的古巴比伦碑文》的专著就是专门介绍宾夕法尼亚对巴比伦考古学的研究结果，但是希普雷克特教授对此并不满意，在书中他曾经提到古里加苏王的戒指。但他不能确定两小块刻有文字的玛瑙碎片是否真的是戒指的一部分。以往在尼普尔的天地神庙中也曾发现过类似的碎片，但他只是见过这两块碎片的草图，而未能见到实物。

经过很长时间的研究，他终于把这两块碎片鉴定为公元前1700～前1140年巴比伦历史中开凯寒特时期的文物，因为他可以认出其中一块碎片上的楔形文字，于是他把它暂定为古里加苏王的遗物，至于另一块因实在是无可考查，只好放在未分类的碎片里去了。

泰蒙小岛之谜

◉　◉　◉　◉　◉　◉

　　南太平洋波纳佩岛的东南侧有一个名叫泰蒙的小岛，在这个岛延伸出去的珊瑚礁浅滩上矗立着一座座用巨大的玄武岩石柱纵横交错垒起的高达4米多的建筑物，远远望去怪石嶙峋，还以为是大自然留下的杰作，近看又仿佛像是一座座神庙，这就是南·马特尔遗迹。传说这是居住在波纳佩岛上历代酋长死后的坟墓，大大小小共有89座，散布在长达1100米、宽450米的太平洋海域上，它们之间环水相隔，形成了一个个小岛。从高空俯瞰，犹如意大利的水城威尼斯，故而人们又把它比喻为太平洋上的威尼斯。

　　当地人把这些巨大的石造遗迹叫作南·马特尔，按波纳佩语有两个意思，一个意思是"集中着众多的家"，另一个意思是"环绕群岛

的宇宙"。这些遗迹一半是浸在海水之中，为此，人们只有在涨潮时才能驾着小船进入，退潮时，遗迹周围露出了一片泥泞的沼泽地，小船只能靠在附近，根本进不去。

　　与同在太平洋上的复活节岛上的石像遗迹相比，南马特尔遗迹鲜为人知，它那充满了离奇的传说，更使它蒙上了一层神秘的色彩，令世人困惑不解。

　　近年来，不少欧美学者来此调查，大家都对这项宏伟工程是用人力完成的表示怀疑。据调查，整个建筑用了大约100万根玄武岩石柱，系从该岛北岸的采石场开凿，加工成石柱后用筏子运到这里。专家们估计，如果每天有1000名壮劳力从事开凿，那么光是采石需要655年，加之，还要用人力加工成五角形或六角

形棱柱需要二三百年，最终要完成这项建筑的话，需要1550年的时间。

现在，波特佩岛上有人口2.5万人，而南·马特尔遗迹建造的古代，人口还不到现在的1/10。据此，1000名壮劳力的人数差不多是动员了全岛所有的劳动力，何况，为了确保生存，还得抽调一部分人去从事农业劳动。因此，专家们设想这项工程很难是凭借人力完成的。

有的考古学者认为玄武岩是岩浆冷却的火成岩，试图将建造遗迹用的五角、六角形石柱解释成是冷却凝固成型的。但是，从实际石柱的表面来看，很难解释成是自然成型的。

有不少学者对南·马特尔建筑遗迹之谜早就开始着手研究，提出了众多的假说。

1869年，驻印度的英国军官詹姆斯·拉奇伍德从一位高僧珍藏多年而从未向外人显露的几个泥塑板上破译出其中的记载：远古的太平洋上存在着辽阔的第六大陆，它包括东到夏威夷群岛，西到马利亚纳群岛，南到波纳佩群岛和库克群岛的广大区域，是人类最早的发祥地之一，距今约5万年前，繁荣一时，在1.2万年前因大地震而沉陷海底。拉奇伍德经多年考察认为，现今南太平洋上的无数岛是第六大陆的残骸，而南·马特尔遗迹就是泥塑板上记载的第六大陆文化中心的七城市之一——罕拉尼普拉。

长年从事波纳佩岛与第六大陆关系研究的詹宁不同意拉奇伍德的说法，认为第六大陆的真正文化中心是在现今夏威夷岛东北五六千米的地方。但他十分称道拉奇伍德破译泥塑板上所记载的内容的价值。他认为，泥塑板所记载的是2万年前古印度的历史，文中记述了当时已有像今天的飞机那样能在空中飞行的机械，与古印度梵语叙事诗"摩诃波罗多"中的记载相似，也可解释南·马特尔岛上流传的巨石建筑是外来的阿迪儿法伊兄弟用咒语驱动巨石飞来的神话。他认为第六大陆的文明科学与今天的科学不同，有控制重力的能力。

尽管假说众多，但也矛盾重重，疑点密布，可信度不高。第六大陆是否真正存在过？在南·马特尔的建造年代上，哪家之说较为可信？这一切都有待进一步揭开！

木乃伊之谜

◉ ◉ ◉ ◉ ◉

相传在很久很久以前，古埃及有一位本领超凡的法老，名叫奥西里斯。

奥西里斯教给人们种地、做面包、打井、酿酒和开矿的技能，使人们的生活水平大大提高，人们非常崇拜他。但奥西里斯的弟弟塞特对此十分妒忌，他要阴谋杀害哥哥，夺取王位。

某日，塞特请奥西里斯吃饭，找了很多人作陪。吃饭时，塞特指着一只漂亮的大箱子对大家说："谁能躺进箱子，我就把这个箱子送给谁。"奥西里斯在人们的怂恿下躺进箱子一试，他完全没想到，自己一躺进箱子，箱子就被塞特关上，并加上大锁，被扔到尼罗河里去了。

奥西里斯遇害之后，他的妻子四处奔波，终于找回了他的遗体。塞特闻听此事，半夜又偷去奥西里斯的尸体，把它剁成14块，分别扔到各处。奥西里斯的妻子又从各地找回了丈夫遗体的碎块，悄悄掩埋。

后来，奥西里斯的儿子长大成人，打败了塞特，为父亲报了仇。他又把父亲的碎尸从地里挖出来，拼凑在一起，做成我们今天所见到的木乃伊。奥西里斯的遭遇感动了神，后来在神灵的帮助下，奥西里斯复活了。不过他虽然复活了，但不能重返人间，只能留在阴间，做了阴间的法老，专门在阴间审判、惩处坏人，保护好人。

这个传说的内容无非是为了表达惩恶扬善的主题，只是个神话而已。但埃及自上古时期就风行"木乃伊"葬俗，这倒是历史事实。

据记载，受这个神话的启发，埃及每一位法老死后，都要把奥西里斯的神话表演一番。首先举行寻尸仪式，然后举行洁尸仪式：把死者的遗体解剖后，把内脏和脑髓取出，然后将其浸入一种防腐液中，除掉油脂，泡掉表皮，待70天以后，再把尸体取出晾干，将各种香料填入体腔，外面涂上树胶，以防尸体与空气接触。最后用布将尸体一层层裹扎起来。这样，一具经过防腐处理的木乃伊就做成了。遗体安放之前，还要举行神秘而又隆重的念咒仪式，为木乃伊开眼、开鼻，把食物塞进木乃伊的嘴里。据说，这样它就能像活人一样呼吸、说话和吃饭了。最后举行安葬仪式，把木乃伊装入石棺，送入它永久的居住地——金字塔里。

如此处理尸体，未免显得过于残酷。如果不是认为这样可以防止尸体腐烂，待神灵降临之际，能够唤回死者的灵魂与肉体的复活，古埃及人绝不会干这种蠢事的。

世界上许多民族都有尸体防腐术，他们都深信灵魂和肉体可以复活。那么，谁来使他们的遗体复活呢？答案只有一个，那就是神灵。然而，又是谁赋予他们这种超度死亡的转世观念呢？是古代某位法老

木乃伊是一个谜的结合体，它背后的文化，还等着人们去探讨

突发奇想、心血来潮的偶然现象，还是他们之中某个人亲眼目睹了唤醒过来的逝者，而由此得到的启发呢？

低温冷冻人体现在已成为现实，美国和苏联均已成功地冷冻并复苏了狗、鱼等生命。今天，细胞组培技术不仅成功地运用在农林业和畜牧业上，给人类社会带来巨大的物质效益，而且在古生物和人体方面的试验，也日益接近突破的边缘。

考古学家还用战战兢兢的口吻讲述了这样一个事实：1954年，美国科学家在埃及萨卡拉地区发现了一座从未被盗的坟墓。墓中的金银财宝依然完好，在黑暗中熠熠生辉。然而当科尼姆教授带领考古人员撬开石棺盖时，他们惊讶地发现，棺内空无一物。

难道木乃伊长了翅膀飞走了吗？难道安葬死者时把大批财宝放进修得富丽堂皇的陵寝后，突然忘记放入死者吗？

更让人惊叹的是：1955年，在距蒙古国边界不远的地方，发现了库尔干五世的坟墓。人们吃惊地发现，整个墓室堆满了长年不化的冰块，墓中所有的随葬物品均保持完好。一对全身赤裸的男女安眠于冰块之中，宛若活人。他们神态安详，若有所思，仿佛随时都愿意返回人间。

除此之外，在南美洲安第斯山脉和西伯利亚都发现过冰坟，在北非和南非均发现过木乃伊。在这些冰坟主人的身旁，都放有珍宝和供来世所需的一切物品。所有这些坟墓都设计得精美异常，牢不可破，历千年风雨，依然坚如磐石。

不是把转世再生的希望寄托于神灵帮助的民族，是不会如此认真地保存尸体的。

那么，"神灵"又是谁呢？

太阳神巨像之谜

◉ ◉ ◉ ◉ ◉ ◉ ◉ ◉

太阳是古人崇拜的对象，因此我们不难理解罗德斯岛上的太阳神巨像的涵义。然而我们难以理解的是，如此空前绝后的巨人像是用怎样复杂的方法雕成的？古人又如何做到这一点？

人们对于巨人像的了解比较少。但学者们发现把所有现存的证据收集起来进行分析将不是没有收益的，并以此为基础在两个基点上进行了猜测。

首先是巨人像这个词词源上的含义。它原本是用于古希腊、西亚的一个词，意思是雕像或小雕像。这种意思在公元前1000年左右被迁入道得肯萨斯和小亚细亚西南方的道瑞雅的希腊人所接受，所以这应该是命令查瑞斯所塑的太阳神像的原意，虽然当这个雕像矗立起来，

列入"世界七大奇迹"之中以后，这个词的意思变成了巨大的雕像。

尽管巨人像曾被古代学者提及16次之多，但其中只有三位作者论述得比较详细，即使在他们那里，所提出的问题也比所作的解答要多。这三位作者是斯特伯、老普林尼和巴赞休姆的菲娄。关于巨人像的第四个资料来源是一首希腊诗文，它被认为是题献给雕像的铭文。

从15世纪开始，尤其在最近一些年以来，越来越多的人开始著文描述巨人像。1932年，法国学者A·盖保瑞尔在一篇文章里准确地总结了这些观点，并且提出了许多富有成果的看法。从此以后，在很长一段时间里，关于这个问题学术界一直没有什么进展，直到1954年，一篇署名赫伯特·马瑞恩的文

章提出了许多新奇的观点，尤其是在技术方面。尽管这些观点中的大部分很快就被戴那斯·海那斯推翻，但是，它们却促使海那斯发表了第一篇关于巨人像是如何建成的令人信服的科学报告。

对于巨人像的外观人们所知道的太少了，不过人们可以引述一些普林尼和斯特伯的有关描述，尽管他们的描述也是不完全的。普林尼在《自然历史》中写道：

"在提及其他别的奇迹以前，我们首先要赞颂的是罗德斯岛的太阳神巨像，它是由前面提出的李塞迫斯的学生——琳达斯的查瑞斯塑造的。雕像有70腕尺高（33米）；在建成的56年以后，它在一场强地震中倒塌了，但即使躺在地上，它也仍是个奇迹。很少有人能用胳膊环绕住雕像的大拇指，其余的手指也比大多数的雕像要大。它手臂折断的地方是一个巨大的洞穴，从里面可以看到许多很大很重的石块，这是雕刻家在矗立雕像时为了使它固定好而放置的。据载，这座雕像花费了12年的时间才最终完成，耗资300泰伦（约150万英镑），这笔钱来自原属于达摩瑞斯国王的围城器械，他在围困罗德斯城失败后的极端疲惫中遗弃了这些器械。

"那场致使巨人像（以及罗德斯城的大部分建筑）倒塌的大地震发生在公元前226年。据斯特伯记载，它是从膝盖处折断的，埃及国王托勒密三世马上送来了修复巨人像的资金，但是，罗德斯人为了遵守一个不得使巨人像重新立起的神谕而谢绝了他的好意。从此，巨人像就躺在那里将近900年，路过的人都能看到里面的毁坏物：巨大的石头和起固定作用的铁架。

"公元654年，阿拉伯人袭击罗德斯，抢走了巨人像的碎片。他们通过小路将它运往小亚细亚，卖给了一个从依米萨来的犹太人。传说他用900头骆驼将它运往了叙利亚。这就是罗德斯岛的巨人像——目前人们所知最少的世界七大奇迹之一的最终结局。"

埃布拉沉睡丘下之谜

在叙利亚北部城市阿勒颇与哈马之间，是一片无垠的沙漠，沙漠中有个名叫特尔·马尔狄赫的巨大土丘，高出周围地面约10米，远远望上去，气势非同一般。20世纪轰动全球的最重大考古发现之一——埃布拉古国都城遗址，即沉睡在这座引人注目的荒丘之下。

埃布拉古国在考古发现之前一直是一个不为人知的国度，有关这个王国各方面的情况，几乎均来源于埃布拉文书的记载。15000件黏土版文书大多接近正方形，边长约20厘米，自1975年出土以来，引起世界各国学者的广泛兴趣。研究结果表明，这些泥版文书成文的时间大约是在公元前3000年～前2500年之间，镂刻其上的楔形文字80%是苏美尔语，20%是"埃布拉语"。据此专家们推测，当时的埃布拉王国可能是以苏美尔语作为官方语言，而民间语言仍属西亚塞姆语系的闪语，埃布拉国最古老的居民很可能就是塞姆语族的一部分。但"埃布拉语"作为塞姆语的一种，究竟与已知的塞姆语系的阿卡德语、阿摩利语、希伯莱语有何联系，尚是一个待解之谜。

尽管还有相当数量的"埃布拉文书"尚未破译，但是，根据已经释读的大量文书记载，学者们已经可以勾勒出这个神秘国度的概况。

埃布拉古国是一个高度发展的奴隶制国家，王室、神庙僧侣和世俗贵族都占有大量的私有土地，以地域关系为纽带结合起来的农村公社仅占有少量土地。在埃布拉古国晚期，贫富分化悬殊，社会矛盾激化。埃布拉古国长年实行募兵制，拥有一支兵种齐全、装备精良、训练有素、战斗力强的常备军。国王凭借军事力量，对内加强统治，对外频繁发动侵略战争。有一块泥版文书中列举了260座古代城市，这些城市的名字历史学家们闻所未闻。有些学者推测，这260座城市很可能都曾被埃布拉王国军队征服过，随着军事侵略的胜利和王国版图的扩大，大量奴隶和财富流入埃布拉国内，埃布拉奴隶制经济空前繁荣。一些泥版文书中写有很多指令、税款和纺织品贸易的账目以及买卖契约，还有一块泥版上写有七十多种动物的名称，表明埃布拉王国的工商业也相当发达。

就在埃布拉王国称雄一时的时候，两河流域另一个奴隶制城邦阿卡德王国强大起来。阿卡德城位于巴比伦尼亚（今巴格达）以北，阿卡德国王萨尔贡一世（约前2371～前2316年在位）先后34次出征，统一了苏美尔和阿卡德，建立起统一的阿卡德王国（约前2371～前2191），兵锋远达埃及、两河流域北部以及地中海东岸一

谁会想到一座古城会沉睡在沙丘之下

带。萨尔贡一世自诩为"天下四方之王"，在一块泥版文书中记载他的赫赫战功时写道："萨尔贡王，俯首祈祷在图吐勒的达干神面前，他（指神）把上部地区赐予（萨尔贡），（此即）马里、拉尔穆提、埃布拉，直到雪松林和银山。"据此可知，萨尔贡一世曾经征服过埃布拉。萨尔贡一世的孙子那拉姆·辛统治时期（约公元前2291～前2255年在位），横征暴敛，滥杀无辜，他率领军队亲征埃

布拉王国，并将埃布拉都城焚毁殆尽。由于这场火灾，王室档案库中的大量黏土版文书得以完整保存下来，成为人们研究西亚历史的珍贵文献资料。

阿卡德王国的军队撤退后，埃布拉人在废墟上重建家园，修筑了宏伟壮观的大神庙等重要建筑，古都恢复昔日的繁华和喧闹。但好景不长，大约在公元前2000年左右，游牧民族阿摩利人的铁蹄践踏了这里，再度将这座城市掳掠一空，临走时又放了一把大火将其焚毁。此后，阿摩利人长驱直入，到达巴比伦尼亚，建立了古巴比伦王国。埃布拉古国由于迭遭浩劫，日渐衰落，公元前1600年，最后一场大火将埃布拉都城彻底毁灭，埃布拉居民也突然消失得无影无踪。这场毁灭性的灾难究竟是由于统治者内部纷争造成的，还是由于来自北方小亚细亚的强悍民族赫梯人的侵略，似乎已成为一个永远无法解开的历史之谜。

埃布拉古国的发现是一个具有划时代意义的重大历史事件。在一个严重干旱、人迹罕至、鸟兽绝迹的沙漠地区，人类曾建立过一个繁盛的国家，创造过光辉灿烂的文化，的确是一个了不起的奇迹。

罗得巨像失落之谜

◉ ◉ ◉ ◉ ◉ ◉ ◉ ◉

希腊邮票上的罗得巨像：太阳神赫利俄斯穿着短裤衩，头戴太阳冠冕，左手按剑于腿上，右手托着火盆在头顶，双腿叉开立于两座高台上，背后是海港，胯下是航道出入口。

传说，太阳神巨像跨立两岸，船只从其胯下自由出入，那样的巨像该有多大？据说神像高约32米，以450吨金属铸成，站立的石座高达四五米，巨人的手指头比人高，大腿中空可居住一家人。

今日游客来到罗得市码头，只见两座圆形石台上昂首挺立两只铜雕小鹿，形象渺小，令人失望。据说石台就是神像站立的位置，鹿是罗得岛的象征。那么，人们是根据什么来描绘太阳神的形象，又何以能知悉它的高度和重量？

罗得巨像最早的记载见于公元前2世纪，意大利西顿作家安提帕特的《世界七大奇观》。他说青铜巨像立于高平台上，"高70腕（合今32米），费时12年，所用的300塔兰（合今约450吨）金属取自季米特里弃置罗得城下的攻城器械"。他是太阳神巨像存在的同时代人，所述最具权威。

后来的文献，有过这样的叙述："艺术家用白色大理石制作基座，让神像双脚踝骨以下部分固定在基座下。单是基座的高度即已超过其他所有雕像。""即使两人也合抱不住大脚趾，现时的雕像（指今鹿雕）还不及罗得巨像一个指头大。"

后来的旅行家、史学家、画家凭其想象描述了一个个巨像的模样。11世纪初的一幅图画，太阳神被画成裸体男子，左手持矛，右手握剑，矗立在海浪翻滚的高柱上。1394～1395年到过罗得岛的马尔通尼，写道："从前这尊神像很大，他一只脚踏在防波堤上；另一只脚踏在半岛上，那里现在是磨坊。两脚相距一千步之远。"比利时人科尔森1480年在其《罗得斯史》中说："他叉开双腿站着，无论大小船舶都得从他两腿之间通过。"1572年荷兰人马丁对上述形象略作更动，一手改持火炬，赋神像以灯塔的职能。现代希腊邮票和各种出版物，便以此模式绘出，罗得巨像建于公元前292～前280年，历时12年完成。像为青铜外壳，内用铁加固，并用石块加重，表现太阳神阿波罗的形象。

罗得岛是希腊古文明发源地之一。一则神话这样写道：远古时代，希腊诸神为争夺神位而混战，宙斯成了最高之神。宙斯给诸神分封领地，唯独漏了出巡天宫的太阳神阿波罗。阿波罗归来时，宙斯指着隐没于爱琴海深处的一块巨石，封给阿波罗。巨石欣然升出海面，欢迎太阳神来居住。太阳神以爱妻之名命名那里为罗得岛，分封卡米诺斯、莫诺利索斯、林佐斯三个儿子在岛上，各自建立自己的城邦国。

后来的历史渐渐失去神话色彩。公元前408年，三个城邦统一为罗得国，控制爱琴海几个岛屿，向地中海沿岸移民，引起雅典、斯巴达、马其顿、波斯人的忌恨和恐慌。

公元前305年，波斯的季米特里国入侵罗得岛，全岛居民撤守罗得城。围困一年未能攻陷，波斯人只好撤围离岛。走时匆忙，将攻城装备和大批兵器遗弃于城下，罗得人感谢保护者太阳神，决定将收集的金属器材铸造一尊神像。他们请来雕塑大师哈利塔斯，熔化了全部金属，铸成特大铜像立于港口，雄镇海疆。

要给如此巨大的神像制作模型并进行浇铸，需要极高的工艺技巧，即使现代也是有相当的难度。那么，当时的罗得国人又何以能有如此创举？

巨像坠倒的时间确认在公元前225年。在一次大地震中，太阳神像坍塌，倒在原地。这就是说，神像立于基座不过55年。这可能是罗得巨像记载不详，流传不广的原因之一。

达·芬奇的发明之谜

◉ ◉ ◉ ◉ ◉ ◉ ◉ ◉ ◉

谁都知道，天上飞翔的飞机、大海深处游动的潜艇和在战场上冲锋的坦克，都是20世纪现代高科技的产物。但如果有人告诉你，早在500年前的中世纪，就已经有人设计出了这一切，并画出了形象的草图，你又该有何感想？

真有这样的人吗？有，当然有，而且世人早就知道他的名字。只不过这不是因为他的发明，而是因为他是个举世闻名的画家——他的名字叫莱昂纳多·达·芬奇，也就是世界名画《蒙娜丽莎》和《最后的晚餐》的作者。

1519年，达·芬奇逝世之后，人们在他整理的手稿过程中，发现了一种神秘莫测的素描画，在他死后的几百年中，人们看到他那些素描，还是捉摸不透他究竟画的什么。直到近代莱特兄弟发明了飞机并在飞机广泛使用后，看到了那些素描画的人才恍然大悟。原来，达·芬奇的素描画中竟然有些图案与现代飞机的模样惊人地相似。难道伟大的画家早在十五六世纪就开始设计飞机了？这真是太不可思议了。

达·芬奇的天才是多方面的，他是画家、雕刻家、音乐家、建筑师、兵工工程师和科学家。他在绘画方面取得伟大成就的同时，还在众多的领域留下了令人惊讶的发明。他曾经设计了一部车子，以一套齿轮和发条作为动力，就好像上链的玩具一样。他也曾设计了一辆坦克，炮塔采用半蛋型结构，外壳都是斜面，即使被敌人的炮弹击中，炮弹多数是会顺着斜面滑向旁边，坦克可以避免被击穿。这辆坦克装甲的设计与俄罗斯目前装备的最新式坦克炮塔设计十分相似，而且有十多个炮管，可以在不同的方向向敌人开火。达·芬奇这样描述自己设计的坦克：我可以制造装甲车，它可以倚仗火炮的威力接近敌人，没有任何一队士兵可以摧毁它，它安全又强大。毫无疑问，达·芬奇的坦克远远比第一次世界大战中英国人发明的坦克还要先进得多。

他在武器方面的发明还有一种速射炮，有多支炮管，可以快速地连续发射，与现代的火箭炮非常相像，不同的是，达·芬奇建议用这种速射炮发射毒气炮。

他还设计出来了制造毒气的方程式，并描述如何使用防毒面具保护自己。要知道，毒气弹是第一次世界大战由德国人率先发明的。至于使用防毒面具，那更是几十年后的事。500年前的达·芬奇能够有这样的设计，不得不算是个奇迹。

达·芬奇是一个想象力非常丰富的人，他始终向往着如何在天空中飞翔。他设计了一艘空中飞船，

船上装有垂直起飞的装置，所用的螺旋桨和现代直升机的螺旋桨相似，也同样装有可收放的起落架。但这种飞行器究竟是靠什么驱动，人们现在还没有研究出来。他还为操纵飞行器的人设计了降落伞，他的降落伞像个四方型的帐篷，和现在的降落伞很相似。同时，达·芬奇还设计过一种人力驱动的飞行器，希望人能像鸟一样，靠启动翅膀来飞行。

达·芬奇还对水中航行很感兴趣。他曾设计过现在看来也颇为先进的双体港口疏浚船，也设计了世界上最早的轮船，还设计过一艘潜水艇以及潜水员穿用的潜水服，上面装着在水下游泳用的鳍状肢，用一根伸出水面的管子呼吸。

此外，达·芬奇还设计了齿轮传动的链条，这比后来人们制造出的链条早了三百多年。现在自行车用的链条仍是这种样子。

他的残存的手稿《大西洋抄本》中的一些机械草图，现在人们还不知道画的究竟是什么东西。

遗憾的是，由于历史时代和种种条件的限制，达·芬奇这些超前

的发明不仅未能实施，在当时也不被人们所理解。

　　看着达·芬奇这些手稿，人们不禁要问：在古老的中世纪，数学、物理学还很不发达、现代工业和机械制造还没有出现的时候，他究竟是怎样发明了这一切的？他那些至今仍未被人理解的草图画的又是些什么东西？人们常把伟大的智者称为天才，其实无愧于这个称号的人，历史上不会有多少。

一代名城诞生墓中之谜

● ● ● ● ● ● ● ● ● ●

历史上，许多重要的发现都是由于偶然的机会，腓尼基著名商业和航海城市乌加里特的再现于世，便是一个典型实例。

乌加里特坐落在叙利亚西北最大海港城市拉塔基亚郊外的沙姆拉角，掩埋在一个名叫"茴香丘"的山丘之中，西濒地中海，是古代著名的商业和航海中心。直到1887年，人们才从埃及开罗南面287千米处的阿马尔那遗址出土的文书中得知这座腓尼基名城的名字，但是，没有人知道它的确切位置，更不用说其他具体情况了。

1928年3月的一天，阳光普照，晴空万里，一名农夫在沙姆拉角翻耕农田时，意想不到地发现一座古墓。消息传开后，立即引起有关部门的重视。一代名城乌加里特重见天日的时机终于来临了！

当时叙利亚仍处于法国殖民统治之下，贝鲁特文物局闻讯后，立即派人赶赴现场，进行了试掘，结果发现这是一座迈锡尼式的古墓。1929年，法国政府从国内派遣谢费尔前往叙利亚，主持这一地区的发掘工作。谢费尔来到叙利亚后，率领骆驼队千里迢迢赶赴现场，正式组织系统地调查、发掘，到1939年第二次世界大战爆发前夕，已持续发掘10年。二战期间，发掘工作一度中断，1948年才得以恢复，20世纪80年代，发掘次数达四十余次。沙姆拉角遗址展现了从新石器时代至罗马时代的完整文化序列，尤其是公元前14～前13世纪青铜时代晚期乌加里特城的情况，更是清楚地呈现在世人面前。

遗址所在的山丘形状略呈梯形，面积约2万平方米，平均高出周围地面约15米，发掘面积约占总面积的2/7。发掘区主要集中在山丘的东、北、西三面。

从发掘结果来看，乌加里特城主要分成3部分：北边的卫城区和工商业者居住区，西边的宫殿区和居住区，以及郊外的港口区。

卫城区有两座神庙，还有祭司的邸宅。两座神庙内分别供奉着巴阿尔神像和达贡神像。神庙墙壁极厚，以达贡神庙为例，厚度达5米，神庙高出周围地区，基本结构为前堂后室，后室设有圣殿及其他辅助设施，是叙利亚北部神庙的典型模式之一。

祭司的邸宅中，供奉着祭祀神灵的青铜武器等贡品，其中有3个房间是文书库，存放着大量的泥版文书，内容包括神话、宗教书籍、叙事诗等，还有包括苏美尔语、巴比伦语和乌加里特语3种语言在内的辞典。

宫殿区由3座宫殿和1座带塔的堡垒以及小神庙构成。这里官府、衙署鳞次栉比，在不少衙署里出土了刻有楔形文字的泥版文书，内容涉及腓尼斯统治下的城乡状况、兵役赋税制度、租税征收、与赫梯等国签订的条约，以及有关内政外交方面的资料，为了解腓尼基当时的国内、国际局势提供了珍贵的资料。

乌加里特城大约在公元前14世纪中叶毁于地震，事后重建。100年后，沦为迈锡尼人的属地。值得一提的是，公元前1290年，赫梯与埃及在叙利亚的卡迭石交战，赫梯获胜，双方缔结合约，乌加里特在其中曾担任调停人的角色。

据埃及史料记载，公元前13世纪，以好战著称的"海上民族"摧毁了地中海沿岸一座座城市，公元前13世纪末至公元前12世纪初，乌加里特城也遭到覆亡的厄运。此后，乌加里特相继沦为其他王国的属地，日趋萧条和衰落，最终销声匿迹，退出历史舞台。

古代半身雕像来源之谜

◉ ◉ ◉ ◉ ◉ ◉ ◉ ◉ ◉ ◉

埃尔切是西班牙巴伦西亚地区阿利坎特省的一个美丽的城镇，它濒临地中海，有着悠久的历史，最初由伊比利亚人创建。随着岁月的流逝，曾先后被希腊人、迦太基人、罗马人和摩尔人占据。

1897年，在当地一位医生的农场地下，发掘出一尊半身女人雕像。这就是后来引起考古学界极大震动又使人百思不解的埃尔切贵妇雕像。

雕像上的贵妇脸部神情庄重，

古老的土地下，总是隐埋着令人疑惑的历史文物

高贵典雅。也许是佩戴的珠宝首饰过多过重的缘故，显得略微有些驼背。雕像上所雕的珠宝装饰品与希腊时代和罗马时代的装饰品风格都不相同，也不像后来维西哥德王国的装饰品。令人奇怪的是，到目前为止，尽管考古学家又在发掘雕像的地点挖了又挖，但没有发现任何与这尊雕像有关的其他东西，比如坟墓、宫殿、房屋之类的古代遗址，因此，无法考证这尊雕像的年代，考古学家不仅要问：这雕像来自什么年代？为谁而雕刻？雕像上的贵妇叫什么？

有人猜测，埃尔切贵妇雕像可能是迦太基时代的遗物，它的年代可能为公元前4世纪，那时正是迦太基人在西班牙扩展势力的时期。但这尊雕像并没有任何迦太基文字或者其他可以肯定的迦太基特征。

因此这种说法只是一种推测之词。还有人认为这是远古时代一个人们尚不知道的民族留下的。但这又是一个什么样的民族呢？

巴黎卢浮宫博物馆后来从这位医生手中买走了埃尔切贵妇雕像，西班牙政府得知后极力想把它收回，结果在1941年用几幅名画换回了这尊来历不明的雕像，并把它收藏在马德里的普拉多博物馆。

埃尔切雕像虽然收回了，但是笼罩在这位贵妇身上的神秘面纱并未被考古学家揭开。还有，这雕像的背部还有个洞，有人认为它是作为悬挂之用，另一些人却认为是骨灰存储器，还有人说是某种宗教神圣物品。谁也说不明白，这些谜团就像这位不会开口的埃尔切贵妇雕像一样，至今无法回答。

尚未揭开的神秘面纱

◉ ◉ ◉ ◉ ◉ ◉ ◉ ◉ ◉

　　克里特岛是希腊最南端的一个岛屿，它被地中海的海水环抱，风光绮丽，气候宜人，它静静地接受着海风的吹拂和海浪的拍击。在希腊那光辉灿烂的历史中，几乎找不到它的位置，可是，克里特岛却有一段脍炙人口的悲剧故事。这个故事来自希腊的神话传说：

　　很久以前，克里特岛上米诺斯国王的一个儿子在雅典被杀害了，暴怒的国王便借此向雅典大兴问罪之师，最后强迫雅典国王埃古斯签订了一项骇人听闻的条约，内容是：每年必须向克里特进贡7对童男童女，作为一个牛头人身怪物的食物。相传这个怪物是王后与一头公牛所生，国王为了遮丑，令人建造了一座规模庞大、结构复杂的双斧宫，让那牛头人身怪物藏在深宫中。雅典惧怕克里特的强大，只得按时纳贡，从民间挑出童男童女送到克里特，使得老百姓怨声载道。到第三次纳贡时，王子忒修斯为安民除妖，毅然宣布充当童男去克里特。英俊年少的雅典王子受到了米诺斯王女儿的倾爱，她帮助忒修斯杀死了怪物，营救出作为贡品的孩子们，并逃出克里特岛。

　　希腊的神话和传说举世闻名，深深地吸引了许多西方考古学家。他们认为这些优美的故事很可能是古人根据一定的历史事件，经过艺术加工而创造出来的。

　　1900年，英国考古学家伊文思等，在克里特岛发掘出一座王宫的废墟。它占地约2公顷，房屋有几百间，均由迂回曲折的廊道连接，结构之复杂实为罕见。迷宫中还发

现了双斧标志，学者一致认为，这就是米诺斯王国的双斧宫殿。那么，牛头怪吃人之事是真的吗？如果不是真的，这迷宫、双斧标志又做何解释？

王宫的墙壁上有艳丽如初的壁画，仓库中储存着大量粮食、橄榄油、酒以及战车和兵器。一间外面包了铅皮的小屋里，有无数的宝石、黄金和印章。大量绘制精美的陶器和做工精巧的金属器具，表现出克里特人非凡的才华。最有价值的是那数万张刻有文字的泥版，其中一块上赫然写着："雅典贡来妇女7人，童子及幼女各1名。"不禁使人想起牛头人身怪物的故事，引起人们的猜测。

更出人意料的是，1980年春，英国考古学家在雅典公布，在克里特岛上一所铜器时代的房屋里，发掘出二百多根支离破碎的人骨，是8～11个年龄不足10～15岁的儿童，他们的尸骨上留下被宰杀的刀痕。发掘证明：古克里特岛人在米诺斯时代确有食人肉的习惯，才流传下雅典向克里特进贡童男童女的传说。

但在公元前1500年前后，克里特岛上所有的城市，突然在同一时间全部被毁坏了，不久，这个古老的海上霸国便从地球上永远地消失了。

1967年，美国考古学家揭开了这个谜。

在克里特岛以北约130千米处，有一座桑托林火山岛。桑托林火山海拔仅566米，20世纪中有过3次小规模的喷发，远不能与维苏威火山相比，它的宁静使岛上居民祖祖辈辈感到很安全。当美国人在岛上六十多米厚的火山灰下挖出了一座古代商业城市时，才令世人改变了对它的看法。

研究证明，这是人类历史上最猛烈的一次火山爆发。那是在公元前1500年前后，桑托林火山喷出的火山灰渣多达62.5平方千米，岛上的城市几乎在一瞬间就被埋在厚厚的火山灰下。直冲天际的火山灰弥漫在空中，覆盖着地中海东部地区。

据记载，当时埃及的上空曾出现3天漆黑一片的情景。火山爆发引起了巨大的海啸，浪头的高度达

50米，这滔天的巨浪滚滚南下，很快便来到克里特岛，摧毁了岛上的城市、村庄和沃土良田，船只被狂涛击碎，米诺斯无敌的舰队顷刻间化为乌有。

就这样，一次火山大爆发消灭了一个古老的文明社会。克里特王国被人们遗忘了，只留下了一些莫名其妙的传说。

克里特文化的兴亡，至今仍是考古学中令人费解的难题之一，它的神秘面纱远远未被完全揭开。

迈锡尼文明之谜

◎ ◎ ◎ ◎ ◎ ◎ ◎ ◎

1876年，德国商人、考古学家谢里曼继在土耳其西北部的希沙立克山丘上发现特洛伊古城之后，为了进一步证实荷马史诗的真实性，他来到了征伐特洛伊的希腊联军的统帅、迈锡尼国王阿伽门农的故乡——希腊南部伯罗奔尼撒半岛的一个山谷中进行发掘，对《荷马史诗》的笃信，以及对公元2世纪希腊历史学家鲍沙利阿斯游记中有关迈锡尼的生动描述的深刻理解，他很快便使《荷马史诗》中的另一名字——迈锡尼成为举世瞩目的中心。

迈锡尼文明渊源于公元前2000年左右的早期青铜器时代，大约公元前17世纪，希腊人的一支阿卡亚人在迈锡尼兴建了第一座城堡和王宫。据荷马史诗描述，兴盛时期的迈锡尼是一个"富于黄金"的都

市，以金银制品名扬天下。

现存的迈锡尼城堡位于查拉山和埃里阿斯山之间的山顶上，平面形状大致呈三角形。城墙由巨大的石块环山修建，高8米，厚达5米。西北面开有一座宏伟的大门，门楣上立有三角形石刻，雕刻着两只跃立的雄狮，虽无头，但仍威武雄健。这两只狮子雕塑是欧洲最古代的雕塑艺术，这种左右对称的雕刻形式显然是受到东方文化的影响，迈锡尼城堡的正门因而被称为"狮子门"。

狮子门内左边有一间小屋，估计是古代看门人的住所。在狮子门内侧、独眼巨人墙以东发现有6座长方形竖穴墓，这些墓葬被包围在竖立的石板围成的圆圈中，直径约26.5米，称为圆形墓圈A。在石

圆圈中，谢里曼夫妇发现了5座坟墓，希腊考古学会派来监视他们的斯塔马太基后来又发现了第6座坟墓。这六座长方形的竖穴墓大小深度不同，长2.7米~6.1米，深0.9~4.5米，墓顶用圆木、石板铺盖，大部分已经坍塌。6座墓葬中共葬有19人，有男有女，还有两个小孩，同一墓中的尸骨彼此靠得很近，尸骨大多被黄金严密地覆盖着，男人的脸上罩着金面具，胸部覆着金片，身边放着刀剑、金杯、银杯等；妇女头上戴着金冠或金制额饰，身旁放着装饰用的金匣，各种名贵材料做的别针，衣服上装饰着雕刻有蜜蜂、乌贼、玫瑰、螺纹等图案的金箔饰件；两个小孩也包裹在金片之中。

谢里曼发现这批古墓和墓中大量的金银制品后，他结合《荷马史诗》中有关阿伽门农从战场凯旋后，其妻子和情夫在宴会上（一说沐浴时）乘其不备将这位迈锡尼国王谋杀的传说，认定墓中戴着金面具的死者就是从特洛伊战争中归来的阿伽门农及其随从的遗骸。1951年，即谢里曼发掘迈锡尼之后75年，希腊考古学家帕巴底米特里博士发现了第二个墓区，称为圆形墓圈B，这个墓区在狮子门以西仅百米之遥，发掘出来的珍宝完全可与谢里曼发现的相媲美，而且时代与前者基本相当。古希腊人认为这里是阿伽门农的妻子克里泰涅斯特拉及其情夫和同谋者的墓地，因为古希腊神话传说谋杀阿伽门农的凶手是不配葬在城堡以内的。事实上，这些长方形竖穴墓的年代约为公元前1600年~前1500年，早于特洛伊战争的年代三四百年。假使果真有阿伽门农其人的话，他应该是生活在特洛伊战争时期，即公元前1180年左右，而不是公元前1600年~前1500年，显然这些墓穴既不是阿伽门农及其随从的墓地，更不会是阿伽门农妻子与情夫等的葬身之所，而是迈锡尼王族成员的墓穴，墓坑中的死者也是陆续安葬进去的。

大约与帕巴底米特里发现圆形墓圈B同一时期，英国考古学家韦思等在独眼巨人墙以西、狮子门之外的地区发掘了9座史前公墓，这些圆顶墓（因形似蜂房，又名蜂房墓）均属于青铜时代中期，大约相当于公元前1500年～前1300年。考古学家们在墓中发现了荷马史诗中描述的建筑物、武器和器物，从而证实了迈锡尼与荷马描写的世界的密切联系。

在这些圆顶墓中，最大的一座即是著名的"阿特柔斯宝库"（阿特柔斯是阿伽门农之父）。这座墓的门梁是从一块石灰岩上开采下来的，重达120吨，有5人高，宽近5米，厚约0.9米。门上有一个三角形的开口，形似蜂房，故而又称为蜂房墓。迈锡尼人在没有起重机和千斤顶的情况下，却能将百余吨重的门梁准确地安置起来，不能说不是一个人间奇迹。

这座墓的主室平面呈圆形，用黄褐色的石灰岩砌成，顶部叠堆成圆锥状，高13.7米，底部直径15.2米，地面铺石灰，北侧山岩内还凿出一方形侧室。东侧有宽6米、长36米的墓道，墓门总高10.5米，门内有长5.2米的甬道，重达120吨的巨石即盖于其上。墓室的四壁饰以壁画。长期以来，人们一直认为迈锡尼君主将他们的藏宝都收藏在里面，故称之为"宝库"。

迈锡尼墓葬掩埋在荒寂的山峦下长达3000年之久。虽然自公元前1100年至公元1453年之间，多利安人、罗马人、哥特人、威尼斯人、土耳其人先后占领希腊，光临过这座黄金之城，但奇怪的是，他们都未能发现埋葬在地下的古墓珍宝。

山城最重要的是粮食和水源。迈锡尼雄踞高山上，易守难攻，在储备了充足的粮食后，决无断水之虞，在城东部的侧门内附近有暗道通向一秘密水池，可供守城部队在被围困时使用。然而，令人费解的是，这座著名的山城为何屡屡被攻破呢？

迈锡尼王宫位于城市中心的制高点，有大厅、后厅、走廊、侧室、浴室等遗存。以麦加伦式大厅为主体，大厅前有高墙和走廊围成的庭院，大厅门廊立有2根大圆柱；后厅约呈方形，厅内有4根圆柱，靠墙置有宝座；王宫中有表现车马等题材的壁画。

迈锡尼在公元前1400年～前1150年左右的青铜时代末期发展到鼎盛时期。迈锡尼人修建了独眼巨人墙、狮子门和暗道门，同时，怀着崇敬的心情将早期诸王墓地用石板围起来，并在石板围成的圆圈内树起了镌刻着马拉战车的墓碑，修建了水井状的圆祭台，使祭祀动物的鲜血可以直接流入长眠在地下墓室里的英雄们的四周，任凭他们享用。后来，随着时间的推移，泥土从山坡上冲刷下来，将墓葬掩埋在萋萋荒丘之下。

值得注意的是，迈锡尼文明已经产生了一种为王室、官吏和平民所共同使用的文字系统——线形文字B。这种文字系统在1952年由英国建筑师文特里斯释读成功。线形文字B属希腊语，是一种音节文字，是由克里特岛的线形文字A发展而来的，公元前13—前14世纪在希腊各地流行，后随着迈锡尼文明的衰落而被人们遗忘。线形文字B的释读成功证实了迈锡尼文明是古希腊人的一支阿卡亚人创造的。

大约在公元前12世纪，迈锡尼倾全国之兵，远征小亚细亚富裕的城市特洛伊，围攻10年方才攻陷。这场旷日持久的战争消耗了迈锡尼大量的人力、物力和财力，从此国势一蹶不振。公元前12世纪末，来自希腊北部的多利亚人征服阿卡亚人，摧毁了迈锡尼等城市。

迈锡尼城堡、宫殿、墓葬、金银制品的发现再一次证实了《荷马史诗》的真实性，解决了历史上长期以来有关《荷马史诗》的争论，但同时也提出了一系列新的问题："富于黄金"的迈锡尼并不出产金矿，而黄金又是从何处来的呢？迈锡尼城壁垒森严，固若金汤，为何屡遭沦陷？"阿特柔斯宝库"的石门梁重达120吨，迈锡尼人是用什么方法将其安置上去的呢？尤为令人困惑不解的是，迈锡尼人已普遍掌握了线形文字B，并且用来记写货物清单，可是他们为什么不在墓碑上刻上死者的姓名和业绩呢？埃及人、腓尼基人都在其坟墓墙上刻下了文字，后来的希腊人、罗马人也树有文字的墓碑，而迈锡尼偏偏没有，这究竟又是为什么呢？

一代名城迈锡尼正以其蕴藏的无限奥秘吸引着一批又一批的游客，期待着世人给出满意的答复。

岩石中的奇物之谜

◉　◉　◉　◉　◉　◉　◉　◉

　　1851年，美国马萨诸塞州多契斯特镇，当地的工人正在进行开山炸石的开矿工程。一天，工人们突然发现，爆炸的巨大威力使得一件钟型器皿从坚实的岩床中"噌"一下飞了出来，器皿一下子裂成了两半。矿上的负责人连忙把这个器皿保管起来，经考古人员鉴定，这是一只用某种叫不出来名字的金属原料制成的工艺极其精巧的古代花瓶，它高约11厘米，上面有银质花纹装饰，并绘有风格优美的图案，线条流畅，造型别具一格。岩石中飞出花瓶的消息引起了人们极大的兴趣，被当地的报纸赞誉为"发现了精巧的艺术品"。

　　但是，人们面对着这么精美玲珑的古代花瓶不禁要问：这个花瓶是怎么进到岩石里面去的呢？稍微有点自然常识的人都知道，岩石的形成至少要数万年之久，而这个瓶子制造年代即使按最大胆的说法也只有几千年的时间，那么，按照常规的想法，在这数万年之久，坚硬如钢的巨大岩石里怎么会有这么精致的花瓶呢？这个花瓶到底是什么年代，什么人制造的呢？据《美国人科学》杂志报道：这个花瓶是《圣经》所记载的冶金术之父制造。这当然是一种站在宗教立场上的解释，很难使人信服。但谁也无法回答花瓶究竟是怎样进入岩石中的问题。

　　其实，从岩石矿藏中发现奇迹的事例绝非只有这一个花瓶。据报道，有人曾经在苏格兰的鲁德福地区新近开采出来的一块坚硬石头里发现了一根金线。那么，金线怎么能进到石头里面去呢？

更为离奇的是，在法国普洛凡斯的爱克斯市附近开采石矿准备重建司法大楼时，工人们发现在岩层与岩层之间，都有一层沙石隔开，当开采到地下15米深、第十一层石灰岩之下时，他们竟开凿出来了钱币，已经变成化石的铁铲、木柄、采石工人用的木板，以及其他已石化了的木制工具。像那个从岩石中飞出来的花瓶一样，这些18世纪石匠才有的工具，怎么会埋藏在至少具有3亿年历史的石灰岩层下呢？

考古学家和地质学家们说，随着科学的进步，这些从岩石里发现的奇迹比当初发现之时更令人困惑。原因在于，今天，已经到了科学高度发展的时代，地质学和人类学采用了非常先进、精确的年代鉴定方法，已确信无疑的鉴定证明这种现象是绝对不可能产生的。然而，事实是它的确（并且是许多次）发生了。

我们期待着，随着科技的发展，能将谜底揭开！

耶利哥之谜
◉　◉　◉　◉　◉

　　在注入死海的约旦河口西北约50千米处的巴勒斯坦境内的埃里哈城郊，有一座低于海平面以下约250米的古城，这座古城正好位于耶路撒冷与安曼之间的约旦河河谷中央，这就是驰名世界的最古老城市耶利哥。

　　耶利哥的本意是"月亮城"和"香料城"。它地处亚热带，气候干燥，雨水稀少，由于附近的苏丹泉和厄利夏泉的滋润，才形成一片富饶的绿洲，从而吸引了一批又一批的先民到此安家乐业，繁衍生息。

　　据《圣经·列王纪下》记载：耶利哥城一度水不清、土不肥，先知以利沙听后，让居民拿出一只碗来，在里面盛满了盐，然后他将满满的一碗盐撒入井中，从此，耶利哥城水清土肥了。因此有人认为，

如果说埃及是受赐于尼罗河的话，那么耶利哥则是受惠于泉水的恩赐。在历史上，这里棕榈茂密，故又有"棕榈城"之称。

　　关于耶利哥城，据《圣经》记载，早在约书亚接替摩西成为以色列人的领袖，率领以色列人攻陷并摧毁耶利哥之前，耶利哥即已经存在许多世纪，并且一直是一座威震迦南（今巴勒斯坦）的名城，许多东方侵略者在它的铜墙铁壁面前，碰得头破血流，铩羽而归！

　　《圣经·约书亚记》生动描述了约书亚率领以色列人智取耶利哥城的过程。

　　基于《圣经》的记载，19世纪以后，考古学家们不断涌来，探寻这座古城遗址。1867～1870年，欧洲人沃伦率先在耶路撒冷及其周围

地区展开了调查发掘工作，但是一无所获。1907～1909年，德国东方协会的厄恩斯特·塞林教授揭开了耶利哥城的发掘序幕。1930～1936年以及1952～1958年，加斯唐和凯尼扬分别率领一支英国考古队发掘了这座古城遗址，揭示出从新石器时代直至《圣经·约书亚记》第六章中所描述的毁城时代为止的完整序列，其时间跨度为公元前1万年至公元前20世纪中叶。它不仅在巴勒斯坦，而且在世界历史上也算是屈指可数的重要遗址之一。

耶利哥城掩埋在南北长350米，东西宽150米，高21.5米的巨大人工土丘之下，经过一百多年来的考古发掘，虽然迄今尚未发现被以色列人摧毁的耶利哥城遗址，但是英国女考古学家凯瑟琳·凯尼扬博士在1952～1958年的考古发掘过程中，发现了更为古老的城墙遗址，经过放射性元素碳-14测定，最早的年代为公元前800年。史学家认为，以色列人攻打耶利哥之役发生在公元前1400年～前1250年之间，因此耶利哥城在被以色列人毁灭之前至少已经存在了6500年。这

一重大的考古发现，使全世界为之震惊和欣喜。

耶利哥城的形成绝非朝夕之功，耶利哥遗址丰富的文化层向人们昭示了一幅波澜壮阔的历史画卷。

从公元前1万年起，人类就已经在这里定居。在遗址的最底层，考古工作者发掘出土了纳吐夫文化时期的几何形细石器、骨器等遗物，还发现了寺庙建筑遗址。专家们推测，寺庙是以狩猎和采集为主要生活来源的先民们用来祭祀泉水的建筑。

然而，繁盛一时的耶利哥城在公元前7300年左右突然衰落，此后与此文化系统不同的人从叙利亚一带迁来定居。新居民用晒干的扁平状土坯建筑较为规整的方形住宅，地面与墙壁抹上一层灰泥，屋内设神龛，城内新建了用于祭祀的建筑物。最有趣的是，在这一层中发现了一具用灰泥按死者生前面貌复原的头骨，眼睛用贝壳镶嵌，耳鼻酷肖，无疑与当时人们的祖先崇拜有关。至公元前6000年左右，耶利哥再度废弃，沦为荒丘。

公元前4500年左右，耶利哥重

现人类活动的踪影。居民们已会制作陶器，他们居住在竖穴房屋里，具有强烈的游牧民色彩，这些生活在"有陶新石器时代"的先民大约逗留了500年左右，便远徙他乡，另觅新居。

到了公元前3000年左右的青铜时代早期，耶利哥再度兴盛起来。居民们穿岩凿墓，埋葬死者，他们死后盛行多人多次合葬。此外，还筑起城墙。凯尼扬博士称之为"原始都市期"。英国剑桥大学的著名考古学家格林·丹尼尔在其代表作《考古学150年》中称耶利哥在这一时期才形成一座城市，与凯尼扬博士的观点略有出入。但不管怎样，居民们用干土坯垒砌的城墙在地震和外敌的攻击下，屡废屡兴，最终被阿摩利人的一把大火焚毁殆尽。

在这场浩劫后，耶利哥沦为尚未开化的阿摩利人的宿营地。公元前1900年左右，又一支来自叙利亚的民族占据了这座城市，重建耶利哥城，耶利哥进入中期青铜时代。

这是耶利哥最繁荣的时期。很快，城市高度发展，成为重要的贸易中心。耶利哥城居民南与埃及人，北与赫梯人，东与美索不达米亚城邦，西与迈锡尼人进行交往，其富饶状况集中反映在这一时期岩穴墓中随葬品的种类和数量上。地下出土遗物表明，随葬品种类多，数量大，有食物、家具、装饰品、陶器、雪花石膏制的容器、小木箱以及放置食物的桌子等。

可是，好景不长。公元前1560年前后，从埃及远道而来的喜克索斯人攻入耶利哥，混乱中，城市毁于大火，化为焦土。

耶利哥城的重见天日，将人类城市的起源从公元前5000年提前到公元前8000年，整整提前了3000年！随着考古调查的进展，人们相信，在世界上许多地方，不管是海底还是陆上，不管是低谷还是山丘，都有可能埋葬着比耶利哥更早的城市，而这些正有待于后继者去发掘。

蕴含玄机的奥梅克雕像

◉ ◉ ◉ ◉ ◉ ◉ ◉ ◉ ◉ ◉ ◉

公元前1500年～前1100年之间，奥梅克人定居在拉文达一带，持续占有这块土地，包括托纳拉河东岸沼泽中的一座岛屿，直到公元前400年左右才突然消失。就在那个时候，建筑工程骤然终止，已有

看到一座座文明的遗迹，我们禁不住想问古代的人类到底经历过什么呢

的建筑物全部被刻意破坏或摧毁，好几尊巨大的人头雕像和其他较小的雕刻品，被隆重地埋葬在奇特的坟墓中，一如他们在圣罗伦佐所做的那样。拉文达的坟墓建造得十分精致，墓室用成千上万的蓝色细砖砌成，墓顶铺着一层又一层五颜六色的黏土。在其中一个地点，奥梅克人从地上挖掉约424.5立方米的泥土，制造一个深坑，然后在坑洞底部铺上蜿蜒曲折的石块，再把泥土填回去。考古学家还发现埋藏在数层泥砖和数层黏土底下的三处镶嵌拼花图案。

拉文达的主要金字塔矗立在遗址南端，底部略呈圆形。整座塔模样看起来像一个有凹槽的圆锥，塔身有10道垂直隆起的脊骨，中间有沟槽。这座金字塔高30米，直径几乎60米，总体积大约在8490立方米——无论从哪一种标准来衡量，它都称得上建筑史上一大巨构。整个遗址中间有一条轴道，达几千米长，指向正北偏西8度的位置。轴道两旁井井有条地配置着好几座小金字塔、广场、平台和土墩，总面积超过7.7平方千米。

拉文达遗址弥漫着一种诡谲、冷漠的气氛，没有人真正晓得它当初的作用。考古学家管它叫"礼仪中心"——也许这就是它当初的功能吧。然而，仔细观察，人们不免怀疑它还具备其他功用。说穿了，人们对奥梅克人的社会组织、礼仪和信仰体系几乎一无所知。人们不晓得他们操哪一种语言，也不知道他们遗留给子孙的是怎样一种传统。人们甚至不知道，他们到底属于哪一个种族。墨西哥湾地区的气候闷热而潮湿，使奥梅克人的骨骸难以保存到今天。尽管人们赋予奥梅克人各种名称，对他们有各种特定的看法，事实上，这个民族对人们来说仍旧是一个大谜团。

甚至有这么一种可能："他们"遗留下来的谜一样的雕刻品——人们假设那是他们的自画像——根本就不是"他们"制作的，而是出自另一个更古老的、已经被遗忘的民族之手。

果真如此，那么，当我们使用"奥梅克人"这个称谓时，我们指的到底是谁呢？是指金字塔的兴建者？抑或是指那些体格健壮，相貌威严，具有黑人五官特征，为巨大人头像提供原型的神秘客？

幸好，总共有大约50件"奥梅克"雕刻品，包括三尊巨大的人头雕像，被本地诗人兼历史学家卡洛斯·裴里瑟·卡玛拉从拉文达废墟中抢救出来。当他发现墨西哥石油公司的钻勘危及废墟时，他赶忙介入，积极展开游说，争取塔巴斯科省（拉文达所在地）政坛人士的支持，将珍贵的文物搬迁到省会维雅艾尔摩萨市郊区一座公园内。

整体来看，这50件雕刻品可说是一个已经消失的文明遗留下的无比珍贵、无可替代的文化记录——

甚至是现今存在的唯一记录。可是，没有人懂得如何解读这些记录蕴含的玄机。

拉文达废墟出土的艺术品，似乎没有根源……当然，这是不可能的，因为人世间一切艺术表现方式，都有根源隐藏在某个地方。

奥梅克文化究竟从何形成，又如何衰亡？这些历史学家都无从回答，而刻在石头上的日历以及历史，就更难解释了。总之，奥梅克文化隐含着诸多未知数，对它的了解和研究刚刚开始，科学家们不知又要进行多么漫长的努力，才能解开它的谜。

狮身人面像之谜

◉ ◉ ◉ ◉ ◉ ◉ ◉ ◉

一尊狮身人头的巨型雕像从埃及向东方凝视，视线正好与30度纬度线重合。这尊雕像是在基沙高原石灰质的岩床上雕出来的，它自成一体。雕像全长73.15米，肩部宽11.58米。经过长久的风蚀、日晒、雨淋，雕像已开始龟裂坍塌。

这就是埃及伟大的狮身人面像。

（1）永恒的狮身人面像

过去有人曾把狮身人面像奉为永存的上帝。

后来，狮身人面之神——狮身

狮身人面像静静地卧在那里，不知道何时才是它苏醒过来的时候

人面像——患了遗忘症，这使它昏睡不醒。

多少个世纪过去了。风土人情在变化，语言、文化、宗教在变化，甚至星座也变了，但狮身人面像始终默默地沉思着，静静地守护着。

过去它常被风沙埋住，时隔数千年才有那么一位好行善举的君王派人去为它清理一次沙土。曾有人为了让雕像恢复旧貌，用砖块把那些飞沙走石撞坏的地方补了起来。有人曾把雕像整个漆成红色，并且还保持这个原状长达很久的时间。

伊斯兰教统治时期，风沙曾将雕像埋至颈部，当时人们给雕像起了一个新名称（或许早就用过了）。12世纪一位叫阿卜杜勒·拉提夫的人写道："靠近一座金字塔不远，从地底下冒出一个巨型头颅，这就是阿卜勒·胡勒。"接着，14世纪的埃尔马克里齐又讲述了一个名叫赛姆·爱德·达赫尔的人，说这位达赫尔"意在弥补人们因为无知而造成宗教上的失误，来到金字塔却将阿卜勒·胡勒毁了容"。从那以后，阿卜勒·胡勒就变成了现在这副面孔。阿卜勒·胡勒被毁容之后，风沙埋没了基沙城周围的耕地，人们认为这是毁容一事引起的。

阿卜勒·胡勒是埃及伟大狮身人面像的阿拉伯语名称，多数翻译者都把这一名称看成是"恐怖之父"的同义语。

不过，埃及学家塞里姆·哈桑为此名称提出了一种可供选择的词源学释义。三四十年代，哈桑在基沙高原做了广泛的发掘工作，他找到了一些证据，证明公元前1000～500年之间曾有些外域殖民者"坎纳奈特人"聚居在埃及低地基沙高原这一带。他们来自哈兰圣城（此城现位于土耳其南部，毗邻叙利亚），可能是些朝圣者。不管怎么说，从这些人的文明产物和石刻记载上看得出来，他们住在狮身人面像附近。有根据证明，他们称狮身人面像为"胡勒"，并把它当作神来崇拜过。

古埃及语用bw来指"地方"。哈桑因此合理地推断Abul—Hol纯粹是胡勒之所（bw Hwl）的衍变，而并非如大家所想的"恐怖之父"。

古埃及人一提到狮身人面像，总是要用哈兰人的叫法——"胡勒"这个名称，但他们还知道许多其他称呼，如胡，以及胡尔·恩姆·阿克特。胡尔·恩姆·阿克特这个名称是指"地平线上的太阳神"。另外，人们尚未明白，为什么古时候的人经常把狮身人面像先是看作古埃及泛神崇拜中的创始之神，即自创的太阳神阿图姆·拉，后来又把它看成是"阿图姆的活化身"塞舍璞·安苛·阿图姆，并且这种转变在古代屡屡发生。老实讲，"狮身人面像"这一名称，自文艺复兴时期以来，就在西方大众的潜意识中萦回缭绕，而在整个希腊统治时期，狮身人面像的名称一直被讹传为赛舍璞·安苛。

伏卧于巨型马蹄状的沟壑岩床里并由岩床中雕刻出来的狮身人面像给人以陈旧的感觉。它是一只凶残好斗而又昏睡不醒的高头怪兽，其高度超过6层楼房，长度等于8条街区。较瘦的腰肋部位已深受风雨侵蚀之累，四爪处只能看到后人用砖块修补过的痕迹，实际上四爪原状已失。为了不让它那斑驳的头颅落地，人们用水泥在它的脖颈上做了领子，看上去像是被笨手笨脚地剪过了毛一样。它的面部也已被风雨沙石吹打得伤痕累累，但仍能给人一种宁静与永恒之感，在不同的时代、不同的季节，它带着不同的表情和神态，于清晨翻云覆雾的光影中又活了过来。

雕像头上披盖着某一位埃及法老的精美报应女神头饰。狮身人面像冷静地凝视着东方，好像有所期待。用罗马自然主义者波里尼的话说，它迷失在自己的"沉静与冷漠"中；它等待着、注视着，永远盯着太阳从赤道上升起的那一点。

它何时开始于此检视地平线？

它刻画的是谁的面貌？

它作用何在？

为寻找这些问题的答案，我们被迫涉足了一些意想不到的陌生知识领域。我们的身躯正如死亡的灵魂一样，穿越了古埃及人认为人死后必须经过的暗域，通过狭小的走廊，进入满是洪流的通道和暗室，遭遇了藏身于暗室之中的凶神恶煞。利用电脑模拟的方法，我们回到了12000年以前的天空下，在清晨目睹了狮子座在东方冉冉升起，而猎户座在另一方跨越子午线的壮观场面。我们一头栽进那些远古时代讲述灵魂再生的古文献，在各种传说和有关宗教的记载中，找到了一块被隐藏起来的遗物，写着独特的"天文术语"，上面的天文术语今天很容易就可以读懂。

这种天文术语给我们的启示使我们确信，我们一定可以弄清楚狮身人面像的真正含义。我们认为这种鉴定工作定会大有所获；我们也确信，狮身人面像和三个大金字塔可能会告诉我们人类文明的创始经过。

一旦各方面因素都考虑进去之后，我们就看见一块罗塞塔石碑浮现了出来，它具有多种表现方式：外观形体，历史时间、寓言象征、符号数字、特殊的天文指令，以及可以告诉我们会有何发现，去何处寻找这样一些坐标。

此时，伟大的狮身人面像正耐心地等着我们去探索。

狮身人面像坚守着它的秘密。

狮身人面像捍卫着它的神秘。

（2）狮身人面像面貌之谜

有个观点认为，狮身人面像在埃及"古王国"时期建成，建造者是第四王朝的法老卡夫拉（其

金字塔墓群就像一个个硕大的问号，伫立在埃及的土地上

在位时间是公元前2520年～前2494年；卡夫拉这个名字在后来的希腊文中读音也不同）。这是传统历史学观点，它出现在所有埃及学标准教科书、大百科全书、考古杂志和常见的科学文献中。这些文本都表示，狮身人面像的面部是照卡夫拉本人的模样来雕刻的——干脆说，狮身人面像的面孔就是卡夫拉国王的脸，这一点已被当成是历史事实了。

比如，世界著名的基沙遗址专家爱德华兹博士就说过，狮身人面像的面部虽已"严重损坏"，"但依然让人觉得它是卡夫拉的肖像，而不单只是代表卡夫拉的一种象征形式"。

一脉相承，开罗大学远古历史学教授阿默得·法克里也这样告诉我们说："正如最初的构想一样，狮身人面像象征着卡夫拉，它的面孔是依照这位国王的容貌雕出来的。"

唯一的问题是，除非使用时光机，否则我们当中没有人可以论定狮身人面像到底像不像卡夫拉，即使是最杰出的埃及学家也不能，因为卡夫拉法老的尸体从来就未曾找到过，我们所能做的只有继续研究现存的一些雕像（这些雕像可能很像，也可能一点都不像卡夫拉）。在所有这些雕像之中有一件人尽皆知的、雕刻技艺达到登峰造极的佳品，那就是一尊黝黑的闪长岩雕像。这尊雕像现在正静静地躺在开罗博物馆底层的某个房间。学者正是以这尊惹眼而漂亮的雕像做参考，才信心十足地断言说狮身人面像像卡夫拉。

美国享有盛誉的《国家地理》杂志在1991年4月号上刊登了一篇文章，文章特别明显地表露了这种信心。1992年4月号的英国《剑桥考古》杂志也刊出了一篇内容相似的文章。以上两篇文章都出于芝加哥大学东方学院的马克·莱纳教授之手。马克·莱纳利用"摄影光学数据和电脑图像"，"证明"了伟大的狮身人面像就是对卡夫拉面孔的临摹。他写道：

"1978年担任基沙金字塔总指挥的扎希·哈瓦斯曾邀请我加入他们在狮身人面像周围一带进行的发掘工作，在那之后的4年里我首次率领一班人有计划地对狮身人面像进行了详细测绘。我们用立体摄影技术，也就是摄影光学方法造出了狮身人面像的正面和侧面像……然而电脑的成绩更加可喜，测绘结果用数字输入电脑之后就出现了网状结构的3D立体模型（骨架）；再用260万个平面点就绘出了骨架图上的"皮肤"。我们绘制出的狮身人面像的模样可能恰似数千年前它的原样。为了获得面部造型，我把其他的狮身人面像和法老的雕像与绘制出来的狮身人面像做了比较。有了卡夫拉的面孔，狮身人面像便获得了新生……"

这听起来倒是很动人、很有说服力，起码在技术手段上是这样。说来说去，他们有没有清醒地认识到，他们那基于"立体摄影技术"和"摄影光学"的"260万个平面点"到底能说服谁呢？

抛开那些技术专业用语来看，事实并非那么吓人。细细研读莱纳的文章，我们发现，为了"重塑"狮身人面像的容貌，莱纳所做的无非就是用电脑给狮身人面像画一幅网状结构的3D立体骨架图，再用卡

夫拉的面孔套在骨架模型上，这一点是发表在《国家地理》杂志上的那篇文章告诉我们的。这篇文章附有用闪长岩雕成的卡夫拉国王雕像的照片。照片下面的文字说明是："本文作者莱纳用此雕像的面孔在电脑上再造狮身人面像。"

这样看来，莱纳真正所做的就是凭自己的意愿在电脑上再造狮身人面像的面貌，他的这种做法无异于在他之前的古埃及人数度试图再造狮身人面像的做法。换句话说，狮身人面像今天的面貌特征不太像卡夫拉的面貌，而更像其他许多法老，例如，图特摩斯四世，或者安曼贺泰普四世、拉美西斯二世（正如莱纳承认的那样，这位拉美西斯约在公元前1279年"全面重建"了伟大的狮身人面像，他也是我们所知的最后一位重建狮身人面像的国王）。简单而明了的事实是这样的——在狮身人面像存在的几千年历史当中，时常只有头颅露出沙堆。这样，几乎什么人都可以随时在它的面部敲打两下。再者，莱纳的摄影光学分析结果至少也可以证明一点，那就是他在文章中提到

的，狮身人面像的头颅与其躯体相比"太小了"，这就使人想到狮身人面像曾被人大规模重塑过。莱纳解释说，现在的头是以前广为流传的成比例的狮身人面像造型的原型，他认为："第四王朝的人或许并未拟订出国王的头与伟大的狮身人面像头顶上的报应女神头饰之间恰当的比例尺寸。"可是，莱纳没有认识到狮身人面像的头颅曾经很大，甚至可能像真正的狮子的头，不过后来因为重雕而变小了，这种可能性不仅是有根据的，而且还很有吸引力。

1993年，一批独立的学者为了解开狮身人面像这个死结而使出了一个绝招。他们带了一位侦探到埃及，这位侦探就是纽约警察局法医高手弗兰克·多明哥。此人二十多年来一直在研制一种犯人肖像"鉴别器"，他每天的工作就是分析和研究各式各样的人脸。于是，人们要他详细研究狮身人面像和卡夫拉两者之间的异同之处。数月之后，他从埃及回到纽约自己的工作室，仔细比较了这两种雕像的上千张照片。他最后汇报自己的分析结果说：

"通过反复分析研究我绘出的图形和测得的数据，我得出的结论与我最初的直觉不谋而合，也就是，这两种雕像各有所表。狮身人面像，从正面看的五官比例尺寸，特别是从不同的侧面看，其五官的角度和面部突出的尺寸，都使我坚信，狮身人面像不是卡夫拉……"

到此为止，我们一边有法医高手弗兰克·多明哥，他告诉我们，狮身人面像的面孔不是卡夫拉的面孔；另一边则有埃及学电脑专家马克·莱纳，他认为用卡夫拉的面孔就可以让狮身人面像"获得新生"。

为什么对于世界最著名及被研究得最多的古迹，学者们会出现如此分歧的看法？

1992年，马克·莱纳在两个不同的研讨会上发表的演讲表现出自相矛盾的论点。这可以从他对以下几个问题的回答中看出来：

一、在美国科学进步协会的年会上，他说："没有一种直接的方式可以鉴定狮身人面像的雕成时间，因为它是从天然岩石上雕出来的。"

二、在《剑桥考古》杂志上刊

让人肃然起敬的狮身人面像

出的文章里，他又说："虽然我们确信狮身人面像雕成于第四王朝，但我们面临一个难题，那就是缺少提及狮身人面像雕成于旧王国时代的完整文献资料。"

对于上面第一点来说，实际上目前根本就不存在准确鉴定岩刻古迹之时代的客观测试方法。很多人错误地认为，用放射碳技术就可以了，而事实并非如此。放射碳技术只能用来测定有机物（可以测定有机物死亡以后，其中的碳－14同位数的含量），狮身人面像由岩石刻成，自然不能用这种方法鉴定时间。

由此又引出了莱纳的第二个论点。石雕作品竟然"可以"鉴定时间，而且，只要有当初建造时的第一手资料就能有一定的准确性！从理念上讲，要鉴定狮身人面像的雕成时间，我们所需要的也就是一段直接说狮身人面像是由第四王朝的卡夫拉雕成的这样的碑文。然而，马克·莱纳也承认，目前尚未发现有关狮身人面像雕刻时期的资料。

这样看来，我们在基沙面对的

实际上是一块年代不明、来历不明的岩石古迹，就像1949年那位坦率的埃及的埃及学家塞里姆·哈桑所说的，有关狮身人面像，我们"无一可以确证"。

为什么马克·莱纳和其他一些有名望的当代学者都相继把狮身人面像和卡夫拉联系在一起，并认定"狮身人面像起源于旧王国的第四王朝……已是不争的事实？"

他们之所以这样说，原因之一乃是竖立在狮身人面像两前爪之间的一块花岗岩石碑上刻着的一个音节。这个音节被当成了卡夫拉雕刻狮身人面像的证据。这块石碑与狮身人面像并非同时出现，而是对图特摩斯四世法老（公元前1401年～前1391年）功德的缅怀。正是这位法老彻底清除了即将埋住狮身人面像的沙土。这块石碑的碑文说狮身人面像代表了"自始至终存在于此的无上魔力"。碑文的第13行出现了卡夫拉这个名字的前面一个音节"khaf"。用瓦里斯·巴杰爵士的话说，这个音节的出现"非常重要，它说明建议图特摩斯法老给狮身人面像清除沙土的赫里奥波利斯祭司，认为狮身人面像是由卡夫拉国王塑造的……"

可是，这个音节真能告诉我们这么多吗？

这块石碑是吉诺依斯探险家贾安·巴提司塔·甲米哥利亚于1817年发掘出来的。石碑上的第13行碑文当时就已经严重损毁，字迹完全褪去，不可辨认。这块石碑发掘之后不久，托马斯·杨，这位英国语言学家，古埃及象形文字翻译的一流专家，成功地完成了碑文的拓摹工作，于是世人才知道这块石碑的存在。根据扬的翻译，碑文的第13行是这样写的："我们给他带来的有牛，有各种蔬菜……我们可歌颂维诺弗尔……卡夫……这就是阿图姆·胡尔·恩姆·阿克特的雕像……"

托马斯·杨假设卡夫就是卡夫拉的名字，他在卡夫（khaf）这个字的后面加上了"Re"这个音节，并用方括号括起来，表示此处的空白已填补。然而，1905年，美国埃及学者詹姆斯·亨利·布莱斯提德，对托马斯·杨的摹真本进行了研究，却得出了与扬相反的结论。

布莱斯提德说："托马斯·杨的摹真本提到卡夫拉国王的地方让人觉得，狮身人面像就是这位国王塑造的——这完全是没有根据的；摹真本上根本看不到古埃及碑刻上少不了的椭圆形图案……"

在整个法老统治的文明时期，所有碑文上国王的名字总是包围在椭圆形的符号里面，或是用椭圆图案圈起来。所以，很难理解刻在狮身人面像两前爪之间的花岗岩石碑上的卡夫这位大人物的英名——实际上其他任何一位国王都不例外——怎么可以不带椭圆图案。

再者，就算碑文第13行的那个音节是指卡夫拉，也不应该暗示我们就是卡夫拉塑造了狮身人面像。卡夫拉可能还因为其他功绩被铭记着。卡夫拉身后的许多位（或许其身前也有许多位）国王（如拉美西斯二世、图特摩斯四世、阿摩斯一世等）都修复过狮身人面像，卡夫拉怎么就不可能是狮身人面像的修复者之一呢？

刻于卡夫拉统治期前后的另一块石碑，即所谓的财产目录石碑，上面的碑文为马斯伯乐的观点提供了佐证。这块石碑也是在基沙一带发现的，但其碑文被多数现代埃及学家认为是杜撰的。碑文说胡夫法老看见过狮身人面像。因为，公认为大金字塔建造者的胡夫，应该是卡夫拉的祖先，所以看来，不可能是卡夫拉塑造了狮身人面像。马斯伯乐以此为证，直截了当地提出了狮身人面像可能始于"赫拉斯的追随者们"统治的年代。这是一些前王朝年代的，半人半神的统治者，古埃及人认为，他们在"更早的"法老出现以前，已经存在了几千年。可是，马斯伯乐后期又改变了自己的观点，他削足适履地去认同大多数人的看法，即狮身人面像"可能就代表卡夫拉"。

在狮身人面像的问题上，马斯伯乐会迫于外界压力而宣布放弃自己叛逆性的主张，这就告诉我们，在狮身人面像的归属和历史的问题上，埃及学领域多数人的观点具有压倒少数之势，而真凭实据则不受重视。实际上，支撑多数人看法的那些证据根本经不起推敲。与其说他们的看法是基于"事实"，倒不如说是基于某些学者一时认定的一种解释。这种不负责的做法导致一些极其含糊不明的资料出现。类似的情况恰好也发生在对待刻在图特摩斯石碑上卡夫拉名字中那个单音节字的解释问题上。

有威望的专家中很少有人像塞里姆·哈桑那样，认认真真、老老实实地探讨此类问题。1949年，哈桑发表了关于狮身人面像问题的经典论文，文章对我们的告诫颇为中肯。文中写道：

"图特摩斯四世的花岗岩石碑上第13行缺漏不全的碑文容易使人将狮身人面像与卡夫拉联系在一起，而实际上，这段碑文并不能说明什么。除此石碑之外，目前尚未发现有何古迹文字能够证明狮身人面像与卡夫拉有关。尽管这种联系看似存在，我们还是要等到有幸发掘出可以明确说明狮身人面像建造历史的史料的那一天，在此之前，最好将此（第13行碑文）作为一个偶然的例证来对待……"

哈桑后来告诉我们说，这种"侥幸"是不存在的。然而，认为狮身人面像是出于大约公元前2500年那个年代的卡夫拉之手的这一传统观点已广为人们所接受，而且已经深得人心。这种观点的影响如此之深，以致人们要猜想：在狮身人面像与开罗博物馆的卡夫拉雕像之间的相像问题上长期争论不休，以及学者们关于行将损毁的石碑碑文的分歧，在这种种背后一定有暗藏的证据。

在马克·莱纳看来，确实有暗藏的证据，那就是他清楚看出威力无比，足可消除一切微不足道之疑问的一颗魔弹。马克·莱纳已成了科赫—路德维希基沙高原计划的总监，他也是现已竣工的基沙测量工程的总监。马克·莱纳已被认为是研究狮身人面像问题的世界级专家。他会对那些不时冒出来的，提出狮身人面像的历史可能早在公元前2500年以前的"异端分子""格杀"勿论，他总是以自己的权威和影响压服对方。

他的魔弹就叫背景。1992年，美国科学进步协会的年会推举他为埃及学领域正式发言人。在狮身人面像真正历史的问题上，他提出了仍在争论中的传统观点。在会议发言中，他充分显示了他那种魔弹的威力。以下摘录的发言片段可以证明这一点：

"为了回答狮身人面像的历史有多久这一问题，就要弄清楚，狮身人面像绝不是孤立地栖居于荒沙之中的。围绕着狮身人面像的是一个巨大的建筑背景，其中包括胡夫金字塔（多被称为大金字塔）、卡夫拉金字塔（"第二号金字塔"），以及第四王朝的法老拥有的门卡乌拉金字塔。每个金字塔的东侧都建有一座丧葬庙和一条长长的走道。这条走道从丧葬庙一直延伸到尼罗河的冲积平原上，而平原上又出现了一个峡谷庙。从这个庙就可以进入到金字塔体系……

法老们的亲属及其官员则将胡夫金字塔的东面和西面，卡夫拉金字塔的东南面和门卡乌拉金字塔的东南面等地分别辟为公墓，纷纷葬在这些地方。近200年来，考古学家不断来基沙一带挖掘。人们也已经获得了（可上溯到第四王朝时代的）丰富的资料。数以百计的坟墓已经被发掘了出来，人们已经从中发现了金字塔时代的尸骨和遗物……我们已经找到了能说明建造

关于金字塔的传说，多得如同垒起金字塔的石块

狮身人面像和金字塔的劳苦大众生存的依据……我们发现的证据证明，有一座古城遗址覆盖着尼罗河流域的整个基沙高原一带。以上所有的一切都是狮身人面像考古学背景的组成部分……"

莱纳还进一步告诉我们说，有几个特殊的原因可以说明为什么他会认为狮身人面像是属于卡夫拉金字塔这一体系的。他说：

"狮身人面像壕坑的南侧石壁构成了经此延伸到卡夫拉峡谷庙的

那条走道的北侧。这条走道的北侧还有一条排水道通往狮身人面像壕坑地势较高的西南角。这就告诉我们，狮身人面像壕坑是在卡夫拉走道修成之后才凿出来的。如果不是这样，走道北侧的排水道就不可能向狮身人面像壕坑里排水。卡夫拉峡谷庙同狮身人面像峡谷庙位于相同高度的坡面上，两庙的前壁和后壁几乎分别处在同一平面上，墙壁的建筑风格也完全相同……"

把两个峡谷庙，卡夫拉走道以及第二大金字塔统统说成是与狮身人面像同属一套的建筑群，这完全是牵强附会。用这些证据来说明卡夫拉建造了狮身人面像更是生搬硬套。这种说法完全忽视了另一种可能性，即整个这'一套'建筑可能早就由卡夫拉身前的那些我们尚不知其身份来历的先民们建立起来了，而第四王朝的人只是'借用'，甚至可能是大规模地重建而已。

目前，尚无任何石刻碑文，也无任何技术手段能排除这种可能性。正因为存在这种可能性，才使得狮身人面像成为20世纪90年代争论的焦点，而这种争论也正日益变成为一场人身攻击……

（3）洪水浸蚀之谜

关于狮身人面像的许多争论还未结束，又一场争论掀起来了！

这场争论的起源可以追溯到20世纪70年代。当时，美国一位独立从事研究工作的学者约翰·安东尼·韦斯特，正在着手研究杰出的法国数学家、象征主义者施瓦勒·德拉布里奇晦涩难懂的作品。施瓦勒以其对鲁尔苏尔庙的论著而著称。他在1961年发表的《神圣科学》一文中评论说，考古学发现暗示我们："12000年以前很少有困扰着埃及的气候和洪水。"他写道：

"在洗劫埃及大地的一次次特大洪水来临之前，一定有一段规模庞大的历史文明期。这一推测使我们确信，狮身人面像在那段文明时期就已经存在了。这尊矗立在基沙西部高崖上的雕像，除头部之外，整个狮身都现出无可争辩的水浸迹象。"

施瓦勒简单明了的结论以前并未引起任何人的注意。这一结论明显抨击了埃及学领域广泛认为狮身人面像是由卡夫拉在公元前2500年建造的这一观点。韦斯特在读到施瓦勒的这段话之后，便认识到施瓦勒从地质学角度提供了一条探索的途径。从这条途径出发就可以"真正地证实，早在古埃及王朝文明以及其他所有已知的人类文明的数千年以前，可能已经存在过另一个文明期，或许其规模比后来的都大"。韦斯特说：

"要是能证实狮身人面像经过水浸过这一点，便会推翻所有世人已接受的人类文明编年史，也会迫使我们对支撑整个现代教育的"历史过程"的种种假设重新定论，并迫使我们去面对由此而引起的激烈争论。然而，从石刻古迹上很难发现问题，就算是很简单的问题……"

韦斯特对从考古学角度得出的结论之理解是正确的。如果狮身人面像表面的一切变化都能证明是水浸的结果，而不是像埃及学家们一直认为的是风沙吹蚀的结果，那么，已经建立起来的编年史就要面临被推翻的危险。要理解这种推断，只要牢记下面这两点就够了：

首先要记住，埃及的气候并非像今天这样始终都异常干燥；另外一点就是，比起莱纳和其他一些人认定的狮身人面像"背景建筑群"的理论，韦斯特和施瓦勒提出的狮身人面像侵蚀模式更加完善优秀。韦斯特和施瓦勒提出的狮身人面像的这个变化特征，是基沙遗址的某些古迹所不具备的。这种变化特征的提示清楚地告诉我们，只有部分建筑是在同一时期建成的。

但这是哪一个时期呢？

韦斯特最初认为：

"理论上不排除狮身人面像受过浸蚀的可能。因为大家早就一致认为，过去埃及曾多次受到海水和尼罗河特大洪水的困扰。就在不那么遥远的古代还出现过一次这样的洪灾，人们认为这是最近一次冰季冰川融化而造成的。一般人认为，最后一次冰季的时间是在公元前10500年前后，而尼罗河周期性的大洪水就发生在这之后。在公元前10000年前后发生的那次大洪水是最后一次。因此可以推断，如果狮身人面像受过水浸；那它一定是在水浸发生之前建成的……"

从"理论上"看，韦斯特的这种推断确实站得住脚。可是，正如韦斯特后来所承认的，实际上狮身人面像所受到的不同一般的腐蚀作用并非是"洪水"引起的。他后来认为：

"问题是狮身人面像的脖颈以下已经腐蚀得很厉害。如果这种腐蚀是由水引起的，那就是说，在整个尼罗河流域至少有18米深的洪水。很难想象发生这样大的洪水会是什么样的景象。这种假设如果成立则更糟，因为狮身人面像堤道的另一端，即所谓的丧葬庙里面的石灰质岩心石，也已经受到侵蚀。这就是说，洪水已爬到金字塔的底座，也就是，有48米高的洪水……"

这样看来，就不可能是洪水腐蚀了狮身人面像，让我们再看看其他因素。

1989年，韦斯特找到了波士顿大学的罗伯特·斯科克教授。斯科克是一位非常可敬的学者，既是一位地质、地层学家，又是一位古生物学家。斯科克专门研究软石的变化过程。这种软石与基沙高原上的石灰石相近。韦斯特断言说，斯科克"具有这方面的专长，他就是能一锤定音的人"。

古老的埃及是个神秘的国度，吸引了一批又一批的人们去探究

斯科克本来对狮身人面像建于第四王朝以前的说法还持怀疑态度，但是，当他于1990年首次参观了狮身人面像之后，他就改变了自己的看法。尽管当时他未能走近狮身人面像，但他已经从围观平台上看得很清楚了，狮身人面像看上去确实像受过水的浸泡一样。同时，他也认识到腐蚀的原因不是洪水，而是"沉积作用"。

韦斯特解释说："换句话说，腐蚀狮身人面像的不是洪水，而是雨水……沉积作用导致腐蚀，这种说法使问题迎刃而解了。我的参考资料提到可能由大雨导致洪水。但我并非地质学家，所以最初也没想到是雨水而非周期性的洪水在起作用……"

我们知道，斯科克在1990年首次参观狮身人面像时只从围观平台看到了狮身人面像。因此，从这点上来说，他对韦斯特理论的评语也只是暂定的。为什么不让这位波士顿的地质学家走近狮身人面像呢？

因为自1978年以来，只有少数埃及学家有权走近狮身人面像，所有的公共通道已经被埃及当局堵死了。他们还围着深壕修了一圈高高的栅栏。

现在，斯科克已受到波士顿大学校长的支持。他向埃及国家古迹会提呈了一份申请书，要求允许他对狮身人面像的侵蚀问题从地质学角度进行研究。

申请迟迟未批。但是，因为斯科克具有杰出的学术成就，也很有声望，古迹会最终还是批准了。这无疑造就了一次良机，以彻底解决对狮身人面像问题的争论。韦斯特也立即组成了一个具有不同学术领域的专业科研小组。这其中就有来自享有盛誉的休斯顿麦克布赖德—拉特里夫联合顾问公司专门进行地球物理学研究的托马斯·多比奇博士，及其他一些非官方的成员，包括一位建筑工程师、一位摄影家、一位海洋学家、两位地质学家和韦斯特的一个朋友——电影制片人鲍里斯·赛德。韦斯特希望赛德将研究工作摄制成录影带，以便使更多的人了解这项研究工作。他说：

"一旦斯科克断定他的观点从地质学角度已得到了充分的论证，就需要有一种方式能将他的观点公诸于世，我们希望他的论点引起来自埃及学和考古学领域的争论。只有这样，新的发现才不会被埋没……"

韦斯特使用录影的方式将其认为的长期雨水侵蚀了狮身人面像这一观点向大众做了宣传，获得了极大的回响。1993年秋，美国国家广播公司首播了韦斯特的录影，收看人数达3300万之多。

但是宣传归宣传。再回过头来看看圈起来的狮身人面像，当时最引人注目的要算多比奇用地震测量方法获得的试验结果了。多比奇带来了先进的仪器。他的试验显示，在狮身人面像两只爪子之间以及两侧身下的岩床里有无数个洞穴和异物。他对其中的一种洞穴是这样描述的：

"它容量很大，大约有12米长，9米宽，距离地面不足5米。请注意，这个规整的长方体洞穴与天然洞穴不同……因此，我认为这是人工洞穴。"

后来，韦斯特也可以走近狮身人面像了。他走近观察之后，说斯科克同样也在不断提出各种假设：

"比较伤痕累累的狮身人面像及其壕坑内壁，还有位于狮身人面像南侧（约建于卡夫拉王朝时期）的，受侵蚀程度较浅的，或只受到风化的那些旧国王墓，所有这些全都是从一块岩石上雕出来的。斯科克认为，依此从地质学角度推测，把所有这些古迹说成是建于同一时期，那是不能成立的。"

小组内对此达成了共识。唯有水浸产生不同寻常的沉积作用才会导致我们观察到的浸蚀现象……小组成员们首次在一起研究出了狮身人面像的一个地质概况。

然而就在这个紧要关头，埃及古迹会基沙金字塔的总监，那位扎希·哈瓦斯博士，突然跳了出来，弄得人人目瞪口呆。

研究小组赴狮身人面像现场以前曾征得当时埃及古迹会主席易卜拉欣·贝尔的首肯。可是研究小组并不清楚贝尔和哈瓦斯二人之间的紧张关系。他们既没有想到哈瓦斯精力充沛，也没有想到他妄自尊大。哈瓦斯对有人超过他的成就而感到坐立不安，他指责说，这些美国人在古迹上做了手脚。他这样说道：

"我发现他们的工作是在狮身人面像体内安置内窥镜，拍摄便于新闻宣传的各种照片……而不是以科学的态度去进行研究。有鉴于此，我中止了这一非科学活动，并向永久调查委员会提呈了一份报告。调查委员会也已经勒令即刻停止这项活动……"

他这样说实在是太委婉了。实际上，哈瓦斯远非只是"中止"了小组的工作，他甚至把这支美国科研小组从狮身人面像现场赶走了。然而，他干涉得真是太迟了，他未能阻止研究小组收集他们所需要的基本地质学资料。

斯科克回到波士顿便一头栽进他的实验室钻研起来，研究得出的结果终于可以下定论了。几个月之后，他准备要透透气了。约翰·韦斯特确实欣喜无比，他已充分准备接受伤痕累累的狮身人面像受雨水浸蚀这一观点，以及这种观点所包含的巨大历史意义。

简单地说，斯科克的研究工作是全面建立在古气候学的基础上的。他依赖这样一个事实：埃及学家普遍认为狮身人面像建于公元前2500年前后，而比这个时间更早的几千年之初，引起狮身人面像特殊浸蚀模式的那种大雨就已经停止了。于是，地质学论点提出了一种非常保守的估计，认为狮身人面像真正的建造时间可能"至少在公元前7000年～前5000年之间"。

埃及学家则认为，在公元前7000年～前5000年的远古时期，尼罗河流域是新石器时代以狩猎为生的原始部落的聚居地，当时人们使用的工具仅限于磨制的火石和木棍等。如果斯科克的观点正确，那就可以断定，狮身人面像及其周围的庙宇（由一块块重达200吨的石灰石建成）是尚未确定的远古高级文明的产物。

埃及学家对此有何看法呢？

波士顿艺术博物馆埃及分馆副馆长皮特·雷科法拉嘲笑说："真是荒唐。成千上万的学者对于狮身人面像已经研究了几百年了，我们的编年史对于历史问题也是应付自如。斯科克的观点根本站不住脚。我们认为历史不会再发生什么大不了的事情……"

其他"专家"也表现出不屑一

顾的态度。加州伯克利大学的考古学家卡罗尔·雷德蒙就说："无论如何，这是不可能的。早在卡夫拉王朝数千年以前，人们既无技术能力，也无国家和政府，更无建此等建筑的意愿。"

那位唬人的扎希·哈瓦斯曾经想把这项地质学研究活动在萌芽时期就扼杀掉，因此现在他又要对斯科克—韦斯特研究小组及其有关狮身人面像历史的反传统论点品头论足了。他挖苦说：

"简直是美国梦幻！那个韦斯特完全是个门外汉。这个小组绝对是非科学性的。我们基沙一带有历史更悠久的古迹，这些显然都不是外星人或亚特兰提斯人来创建的。我们绝不允许有利用我们的古迹来进行谋求私利的行为。狮身人面像是埃及的灵魂。"

约翰·韦斯特对这样的言辞丝毫未感到吃惊。他为了组建一支探索狮身人面像起源问题的精良小组，独自一人进行了长期寻访，期间不知受过多少这一类的责难。这一次有了斯科克坚实的理论做后盾，以及全国广播公司对研究活动所做的大量报导，韦斯特觉得他最终会得到大众的认同。

然而，韦斯特并不想满足于斯科克的结论，他想把问题弄得更透彻一些。他认为斯科克太保守，不够大胆。斯科克估计狮身人面像的历史"至少"在公元前7000年～前5000年。韦斯特对此评论说："我和斯科克在年代问题上看法不一，换句话说，我和他对这个年代的理解不尽相同……斯科克对此持着谨慎、守旧的态度……而我一直认为，狮身人面像一定是创建于最近

远望金字塔，它显得更加神秘

一次冰季的冰川融化之前……"

其实，韦斯特是指公元前15000年以前的某个时间。他认为这完全是一个缺乏证据的预测：公元前7000年～前5000年的埃及大地可能会存在过一个高级文明时期。他表示："如果狮身人面像的历史并不那么遥远，而是在公元前7000年～前5000年之间，我想我们也许会找到创建狮身人面像的那次埃及文明的证据。"正因为找不到这样的证据，韦斯特才推测认为，创建狮身人面像及其周围庙宇的那次文明一定是在公元前7000年～前5000年，这段时期以前就早已结束并消失了。他说："那次文明的其他迹象可能被深埋在地下，没有人见到过，也可能被深埋在离现在的尼罗河数英里之外的古尼罗河的河床下，尚无人发掘过，甚至可能被埋在地中海的海底——因为地中海在最近一次冰季是干枯的……"

尽管韦斯特和斯科克两人对狮身人面像表面侵蚀情况表明的年代持有"友好的分歧"，他们仍然决定将小组对狮身人面像的研究活动及结果在美国地质学会的一次会议

上做个汇报。报告的结果振奋人心。几百名地质学家表示赞同他们的论点，许多人以实际行动支持他们，希望他们继续探索。

更让人振奋的是，世界各地的宣传媒介都纷纷报导这一项科学研究活动。许多报纸都刊登了小组在地质学会的会议上所做的那篇工作报告。紧接着，电视广播也开始谈论狮身人面像的历史这一问题了。韦斯特说，此时"我们已跨过了第一道防线，向目标进军了"。

至于和斯科克之间就狮身人面像的渊源出现的分歧，韦斯特坦诚地说："只有进一步研究探索，才会得出定论，消除分歧。"

埃及政府采纳了西方一些埃及学家的建议，自1993年开始禁止在狮身人面像周围一带进行任何地质学或地震学研究工作。这项决定实在不可思议，因为斯科克的研究结果已产生了重大影响。更不可思议的是，斯科克独创论点尚未遇到有凭有据的公开挑战。这位波士顿地质学家几年来顶住了来自同行的一次又一次的抨击，多次成功地捍卫了自己的论点。斯科克坚持认为，

狮身人面像表面以及壕坑内壁独特的浸蚀模式（狮身人面像壕坑内壁布满了很深的垂直裂缝和高高低低的平的坑凹），成了"石灰质古迹在历经数千年雨水之后会受到何等浸蚀程度的一个有教育意义的典型例证……"斯科克进一步说，如果用我们已经了解的基沙一带的古代气候背景去分析雨水浸蚀的观点，那就可以充分证明"伟大的狮身人面像的历史要比传统认为的公元前2500年早得多……我只是跟着科学在走，科学告诉我这一结论：狮身人面像的历史比以前认为的要早得多"。

斯科克自然尚未证明狮身人面像属于公元前7000年～前5000年，韦斯特尚未证明他认为的更早的历史时期，传统埃及学也尚未证明狮身人面像到底是否属于卡夫拉王朝即公元前2500年的那个时代。换句话说，目前尚无可能用任何合乎情理的标准来给这一独特古迹的确切归属和历史下最后的定论。狮身人面像之谜仍未解开。

金刚石之谜

◉　◉　◉　◉　◉

金刚石一直被人们视为"矿石骄子"。早在5000年前，人们就已经知道有金刚石了，在《圣经·旧约》的《出埃及记》和《以西结书》中，对金刚石那迷人的光泽赞叹不已；印度古代的杰作《吠陀经》《刺马耶耶》和《摩诃波罗多》，更是对金刚石那奇异的晕色啧啧连声。在希腊语中，"金刚石"一词就是"不可战胜""不可摧毁"的意思。古代的人们以其充满热情的想象力，认为金刚石的非凡性质是一切自然创造物中最完美无缺的象征。一块晶莹的石头竟然有那样出奇的硬度和耐久性，人们感到不可思议，它那闪烁出迷幻异彩的本领尤其令人神往。世界上许多民族更是奉它做自己的神灵，并且冠以极其崇高的头衔，尊之为

"宝石之王"！

然而，关于金刚石的化学成分，以及它的出处，一直是科学界长期争论不休的问题，一些科学家时不时地站出来，发表惊人的结论。

历史上一些知名科学家几乎都揣测过金刚石那些扑朔迷离的化学成分。古希腊大哲学家培多克利斯说金刚石是由4种元素（土、气、水、火）组成。而按照印度科学家的说法，它构成的要素是5种，即土、水、天、气和能。1704年，牛顿做了系统的研究，指出金刚石的可燃性。而罗蒙诺索夫更预言，金刚石之所以非凡坚硬，乃是由于"它是由紧密联结的质点组合而成的"。到了1772年，法国化学家拉瓦哥将一颗金刚石加热使之燃烧，结果发现，它燃烧时所产生的气体

就是二氧化碳！虽然拉瓦哥已经指出金刚石和碳的关系，然而却不敢作出看来多么滑稽——把高贵的金刚石与"低贱"的碳相比的最后结论。24年之后，即1796年，英国化学家耐特才作出金刚石是纯净的碳的结论。

至于金刚石来自何方，在科学界更具争议。

最初，人们大多认为金刚石来自地下的矿石，因为早期的金刚石多采自砂矿床。1870年，在南非开普省北部找到世界上第一个原生金刚石矿床，该地即以当时英国殖民大臣金伯利勋爵的名字来命名，这就是后来的金伯利城。地质学家在矿区发现，金刚石的成矿母岩是一种无论矿物成分和性状都不同一般的非常特殊的岩石，称其为金伯利岩，它最早是由英国人路易斯在1887年提出来的。后来人们在世界各地相继发现了一些在形状和矿物组成等方面与金伯利岩相似的岩体，并且认识到金伯利岩是原生金刚石矿床的唯一成岩母矿。这是一种基质不含长石的偏碱性超基性岩，主要成分为橄榄石，多具角砾状或斑状结构，因此又名角砾云母橄岩，岩体通常呈漏斗形的岩筒（又名岩管或火山颈）或脉状岩石。根据金伯利岩所含的高压矿物推测，金伯利岩浆形成于上地幔，在高压条件下沿着地壳的深入断裂向上运移。由于它饱含高压气体（水及二氧化碳等），当上升而压力骤减时，体积迅速膨胀，在地下产生火山爆发。爆发后岩浆胶结碎屑物质充填火山颈，遂形成金伯利岩筒。

曾经有人说，金刚石是由金伯利岩浆夺去邻近的碳质岩石的夹杂块形成的；也有人认为，金刚石是由金伯利岩和另一种榴辉岩一起从地壳深处带上来的。现在大部分人确信，金刚石就是由金伯利岩本身所含的游离碳，在剧烈上升和发生爆炸的整个岩浆活动过程中，也就是在高温高压条件下结晶形成的。因为人类在实验室中，利用极高的温度和压力，已经成批量生产出人造金刚石。

苏联科学院地球化学实验室采用同位素分析方法证明，金刚石不仅能在150千米以下的地幔上生成，也能在地下10千米的地壳里生成。只要岩浆通过地壳上部岩管时，通道出现狭窄的小孔。由于这一缩颈现象，压力会突然从不超过2万大气压猛增到100万大气压，这样，岩浆碳就会变成金刚石。

20世纪70年代末到80年代初，美国乔治亚大学的加迪尼等人测定了美国阿肯色州金刚石的气—液包裹体，竟然发现其中含有类石油的烃类物质（即由碳和氢构成的有机化合物），如甲烷、乙烯、甲醇、

乙醇等。它们转而认为金刚石的形成与地球深部的烃源有关。1981年，索尔博士在日本召开的第十八届国际宝石学会议上，进一步阐述了两者之间的内在联系。他推测地球内部有丰富的烃源，烃气在超基性的金伯利岩浆中易于保存。当金伯利岩浆向上涌溢时，挥发性的烃气就向地表表层扩散，而残熔的碳素则缩在金伯利岩浆中，并因压力、温度的急剧变化而结晶形成金刚石。

尊贵的"宝石之王"金刚石，不知是来自天上还是地下

但是，1988年，人们有了一个意外的发现，使上述观点受到了怀疑。这一发现就是，苏联学者叶罗费巴夫和拉钦夫首次在石质陨石中找到的浅灰色的金刚石细粒。不久，在石质陨石中也发现了金刚石。陨石中为什么会有金刚石，这让众多科学家百思不得其解，成为科学家们探索的课题。最初认为这些金刚石是陨石中所含的碳质，因与大气摩擦和地面撞击产生的高温高压而造成的。

近年，美国国家自然史博物馆得到一块来自南极大陆亚兰高地冰盖中的铁陨石，在把它切片时，也找到了一个金刚石晶体的包体。他们猜测这块陨石原是小行星的碎片，而其中所含的金刚石晶体，则是在它陨落之前，并且是在好几百万年前小行星带中的两颗小行星发生碰撞时形成的。由于小行星碰撞时的速度非常大（时速约数万千米），产生的冲击压力足以使自然碳转变为金刚石。

美国芝加哥大学的刘易斯和沃特等人，在研究1969年坠落于墨西哥等地的4块陨石时，意外地发现了无数非常细小的金刚石粉末，其中还含有微量的具有特殊比例的同位素的氙气。经过测定，显示出它们的年龄比太阳系还大，均生成于45亿年以前，从而表明金刚石的生成与陨石相互间的撞击或坠落与地球都没有关系。这几位科学家由此推翻了因地球内部的高温高压促进生成金刚石的传统说法。他们大胆提出，自然界的金刚石大概都是在几十亿年前，由一颗红巨星——即垂死的"恒星"的毁灭过程形成的。那里的富氢和高温特别有利于碳气浓缩成金刚石。在那个阶段，红巨星将增援大量气体，而这些气体将膨胀和冷却，使碳这类物质冷凝并结晶。千百年后，在红巨星最后爆炸成超新星时，它将喷射高速离子，包括带电的氙原子，这些氙原子将追上逃越的金刚石颗粒并埋在其中。在宇宙中形成的金刚石，其数量可能是惊人的。后来，这些金刚石参与了太阳系的演化，所以在地球和陨石中都能寻到它们的踪迹。

美丽的金刚石究竟是来自天上，还是来自地下呢？这真是一个令人难以捉摸的谜。

宙斯神像之谜

◉ ◉ ◉ ◉ ◉ ◉

奥林匹克运动会世人皆知，但对于世界奇迹之一的，也是古代人们以举办运动会来祭祀的宙斯神的雕像，知之者就少了。

奥林匹亚最早期的建筑物是用木头和砖块建成的，但随着社会的发展，这些旧的建筑物已逐渐倒塌，代之而起的是用石块砌成的宏大古迹，其中最为著名的建筑物就是以宙斯本人名字命名的神庙。

宙斯神庙是神的圣庙，但建造它并非是为了用来收集朝拜者供奉的祭品，这种活动是在圣殿之外的巨大的宙斯祭坛上进行的。当奥林匹克运动会进行到一半的时候，要在那儿宰杀并火烧100头公牛来献给宙斯。与阿尔菲奥斯河水混合在一起的骨灰堆积在祭坛上，一个多世纪以来，已逐渐形成了一个巨大

的土丘。神殿建筑是为了保护神圣的祭祀过程免受自然的干扰，在宙斯神庙内深处那个神圣地方的画像向祭祀者展示了宙斯本人的形象。随着时间的流逝，来到奥林匹亚的人们更主要的是为了来参观其宏伟博大的气势和悠久的历史，而并不是为了其神圣性，就像今天的许多大教堂一样，这座神殿也具有某种博物馆的味道。

在新的神殿建成后的许多年里，它肯定已收藏了某些古老的或令人崇敬的祭物，也许有一些是来自某个早期的较小的神庙，诸如一块奇形怪状的石块或木板。但要想回到公元前15世纪那种盛行的神圣气氛中，需要一个具有非凡神力的令人难以忘怀的形象。祭司们为了找到一位能建造一尊充分体现众

神之王威严的雕像做了长时间的努
力，最后，他们选择了一位雅典公
民查姆狄斯的儿子菲狄亚斯来完成
这项伟大的使命。

菲狄亚斯发明了一种建造大尺
寸黄金、象牙雕像的技术。首先，
在建雕像的地方竖起一个木制框
架，其大小与要完成雕像外尺寸相
同。象牙薄片被雕刻用来装饰头、
手、足处，贵金属片则做成衣饰和
其他装饰，以后这些饰品也被用来
装饰神像外部的其他地方。每件饰

品之间都要衔接好，每个衔接处都
要经过仔细装饰，最后表现了一个
有着坚固外形的雕像。公元2世纪
的讽刺家卢西恩可以取笑说，在奥
林匹亚的宙斯神像内部已成了老鼠
出没之地。但这尊黄金象牙雕像肯
定已塑造了一位集富有、权力于一
身的强有力的形象，以此来表现宙
斯的庄严、高贵。

菲狄亚斯没有留下任何材料
来告诉人们他是怎样拟定及实现这
样一件令人惊讶不已的工程的。但

传说中的众神之王，是古代人类精神的寄托

在公元97年的奥林匹克运动会上，演说家狄俄·克里索斯托姆应邀在宙斯神庙发表演说时曾公开宣称，就如菲狄亚斯本人所说的那样，这件作品与其所要表现的宙斯是极为相宜不悖的。有一个流行的传说：当菲狄亚斯的一位亲戚兼合作者巴拿恩乌斯问到他是怎样构思出宙斯的神像时，菲狄亚斯引用了诗人荷马的史诗中的一段来回答，该段描绘了一位庄严的宙斯，他摇摇头就引起了整座奥林匹斯山的震动。狄俄·克里索斯托姆从修辞学角度解释说，这一段描绘使人联想起一切所知的宙斯的名称："父亲与国王、城市的保护者、友谊之神、祈祷人的保护者、好客之神、增产丰收的赐予者……"他说，宙斯的所有这些不同的特性都能从神像上得到体现，并且它还体现了菲狄亚斯所要表现的众神之王的各种本质特性。

公元前1世纪，著名的罗马演说家西塞罗指出，在菲狄亚斯头脑中"有着一个非常美好的宙斯的形象，以至驱使这位艺术家能创造出一个栩栩如生、和蔼可亲的众神之王的形象"。在这里，众神之王的威严表现在神像头部的各个方面，使得每一个相信自己来到了宙斯身旁的人从心底里产生一种敬畏感。菲狄亚斯是怎样达到这种效果的呢？雕像一直引起那些崇拜宙斯的人们的敬畏与惊叹。

这尊有八百多年历史的供朝拜的雕像后来被迁移到君士坦丁堡。但在公元462年，君士坦丁堡一场凶猛的大火烧毁了收藏宙斯雕像的宫殿。当奥林匹亚的这所圣殿由于受到冷落而毁于伯罗奔尼撒之时，这尊非凡的雕像，已知的古希腊雕刻中最伟大的作品，也在博斯普鲁斯海峡岸边被毁坏了。

巴比伦梦幻花园之谜

◉　◉　◉　◉　◉　◉　◉　◉　◉　◉

巴比伦"空中花园"堪称古人类的经典之作！

主要有5个人给人们留下了对空中花园的描述，其中，最具有代表性的无疑是伯诺索斯。伯诺索斯是当时的亚历山大大帝，一般认为他生于公元前350年以后，他曾自称是一位拜尔神（巴比伦民族之神马达克），具有迦勒底人血统。在后来的生涯中，他离开了巴比伦到考斯岛居住，但在大约公元前280年，他写下一本很有价值的书《巴比伦王国》，这是一部准确翔实地记述巴比伦城的书。从伯诺索斯遗留下来的一些东西看，他对苏美尔人和阿卡德人的楔形文字等古代文献相当熟悉，这些文献流传已达1000年以上，在巴比伦研究学会中仍是研究巴比伦历史的重要资料。

《巴比伦王国》由其作者献给了安提查斯一世（公元前281年~前260年），他曾有意全面了解马达克及巴比伦王国的神殿和学习的有关情况。希腊人视其他种族人为野蛮人，所以这本书没能得到广泛传播。它现已不存在。幸运的是，后期的一些作者引用了它，这样就保存了这个无价之宝中的好多东西，这在很大程度上与人们从楔形文字原文中获知的美索不达米亚的历史思想和传统相吻合。文中，伯诺索斯将巴比伦的空中花园归功于埃布查内萨二世，后来一位名为约瑟夫斯的作者在记述犹太人的历史和文化时，与伯诺索斯的思想大体相同，他曾两次引用了这段内容。下面就是他对埃布查内萨功绩的记述：

"在他的宫殿里，建有山丘，

还有各种各样的树。另外，他还为妻子建造了空中乐园，他妻子是米堤亚人，建造空中乐园是她们家乡的习惯……在宫殿里，他建造了高高的石头平台，里头仔细布置了山景，种植了各种树木，建成了空中花园，因为他的妻子来自米堤亚，喜欢山景。"

原来的资料中都没提到埃布查内萨的妻子，但在历史上巴比伦人同米堤亚人之间的皇家婚姻是很有可能的。伯诺索斯告诉人们，这位米堤亚公主叫阿米提斯。

在英国博物馆里，有一段完整的依据原物复制的楔形文字碑文，上面列了巴比伦国王马达克·阿波拉第纳（公元前721年～前710年）的花园中各种不同的植物。共列出了67种，其中大多为蔬菜。在英国博物馆中，还有一幅著名的浮雕，它属于亚述最后一位国王阿瑟班尼帕尔（公元前668年～前627年），浮雕给人们展现了他在首都尼尼威的一部分皇家花园。

由此可见，后来的作者都着重谈到了空中花园，而且也证实了美索不达米亚皇家花园的传说，这样，人们可能对空中花园不再怀疑。剩下来的，只有对古人创造的奇迹一再的惊叹！

离太阳最近的城市之谜

◎ ◎ ◎ ◎ ◎ ◎ ◎ ◎ ◎ ◎

在秘鲁南部安第斯山脉南段群山环抱的库斯科盆地中，有一座气候宜人的高原城市库斯科，在16世纪西班牙殖民者入侵南美洲之前，这里曾是印加帝国的统治中心。

库斯科，印第安语的意思是"离太阳最近的城市"，海拔3400米。有关库斯科的起源，印第安人中流传着这样一则神话传说：

很久以前，至高无上的创造神比拉科查在的的喀喀湖心太阳岛上创造了一对青年男女，男的叫曼科·卡帕克，女的叫玛玛·沃利奥，两情依依，终成眷属。创造神传授给他们生存的本领，各种技艺；赐给他们神奇的金杖，晓谕他们寻找金杖沉没之地，找到后在那儿定居。这对年轻夫妇遵照神的旨意，带着金杖出发了，浪迹天涯。

他们每走到一处陌生的地方，便按照创造神指示的方法，将金杖插入地中，看金杖是否消失于地下，试了一遍又一遍，每次金杖都安静地竖着，没有任何变化。这一天，他们来到了库斯科盆地，像往常一样，将金杖插入地里，顷刻之间，金杖消失得无影无踪，他们异常兴奋，终于找到了神灵指引的地方，于是便在这里安居乐业，生息繁衍，建立起库斯科城。此后，历代印加帝王不断兴建，至第九代帝王帕查库提（1438年~1471年）在位时代，库斯科规模空前，名扬天下，被印第安人视为神圣之地。

城内最大的宗教中心是科里坎查太阳神庙，秘鲁历史学家、印欧混血人加西科索·德拉维加（1539年~1616年）在他编纂的《王家述评》一书中是这样描述的："太阳神庙是在朝东的一块圣地上建筑起来的，整个庙宇是用精心修整的、平坦而巨大的石板砌成的，为了让空气流通，屋顶造得很高，用茅草盖成，还有一个很优美的祭台。大殿的四周墙壁从上到下全部镶上较厚的纯金片，所以这座神庙得名'金宫'。在正面墙壁上有太阳神偶像，它是个绘有男子脸形、周围环绕着光芒和火焰的用黄金制成的圆片。它面朝东方，在受到初升的太阳光直接照射时，就放射出万道金光。在太阳神偶像的左右两侧，按照古代习俗，在金御椅上供奉着历代印加王的木乃伊，远远望去，它们就像真人。大殿中央置有一把华丽的御椅，举行典礼时，印加王便坐在御椅上。"

太阳神庙的附近建有5座正方形小神庙。它们各据方位，与太阳神庙互为映衬，一大五小错落有致。5座小庙布局不仅合理，而且各有用途。第一座小神庙供奉着月亮神，里面每一件东西都是用银制作的，月亮神偶像是个绘有女子面容的银制圆片，在其两侧安放着印加王后的木乃伊；第二座小神庙供奉着众星神；第三座小神庙供奉雷神和闪电神；第四座小神庙供奉彩虹神；第五座小神庙专供祭司使用，据说其墙壁均是用金银宝石装饰的。这些神庙里的金银珍宝全被入侵的西班牙殖民者洗劫一空，然后熔化掉了。太阳神庙与5座小神庙环绕在一个名叫太阳广场的庭院周围。

太阳神庙的西南部有一座献给太阳神的"黄金花园"，园中的花草树木、飞禽走兽以及人物全是用黄金和白银制成，甚至连撒满黄金的土地里种植的玉米也是用黄金制作的。据加西拉索·德拉维加记载："从植物发芽到开花结果，其成长过程都经过精密的仿照。小鸟栖于林梢鸣叫，蝴蝶和蜜蜂在花丛中采蜜……各种动物形象栩栩如生，搭配得当，使人难辨真假。"相传西班牙殖民者进入花园后，信以为真，直到用手采撷花朵时才发觉全是黄金和白银。

库斯科作为印加帝国的首都，像许多国家的首都一样，有设防严密的防御体系来保护都城的安全。

都城的四周，筑有4座古堡，以西北部的萨克萨瓦曼堡最为著名。萨克萨瓦曼堡在印第安语中意为"山鹰"。古堡筑于山坡之上，方圆4平方千米，有3重围墙作为屏障；围墙依山而建，墙高18米，最外面一道周长450多米，全部用巨石垒砌，表面平整，接缝严密，估计使用的巨石总数达三十余万块，最重的一块石头重约200吨。这些古堡所用的巨石是怎样从采石场运来的，又是怎样垒砌起来的，当年的印加人具备这种超凡的能力吗？

这些未解之谜至今还缠绕在这座神圣之城的头上。

莫索林陵墓的不解之谜

　　哈利卡纳索斯的莫索林是加里亚的统治者莫索罗斯的巨大陵墓。这位国王在位于公元前373年～前353年，当时加里亚是波斯的附属国，莫索罗斯又是波斯王国在当地的斯图拉普（即总督）。莫索林是古代了不起的建筑，其建筑面积之广、雕刻装饰之华美无与伦比，不久便被誉为"古代世界七大奇迹之一"。到罗马时代，莫索林成了大型陵墓的通称，这个称呼沿用至今。

　　近年来莫索林遗址已经被全面地发掘整理，但它的原貌还不是十分清楚，这个陵墓的主要建筑结构已经不存在了，所剩的残存物就是：一个在岩石上凿出的方形墓坑，供莫索罗斯灵柩下葬用的石台阶，重新得以复原的墓室轮廓及四处散落的破碎柱础和建筑石。

　　到目前为止，在古代学者留下的文字资料中，最重要的就是公元75年前后老普林尼写成的《自然史》中对莫索林的一段记载，它对任何复原工作来说都是最基本的依据。因此据图伯纳拉丁版本翻译如下：

　　谈到斯科帕思，我们也不要忘记当时他的竞争对手贝尔雅克思、蒂莫舍乌斯和列奥查尔斯，因为他们共同完成了莫索林的雕刻工作，特别值得一提的正是这些艺术家们的杰作使莫索林成为古代世界七大奇迹之一。这个陵墓是加里亚国王莫索罗斯的妻子为亡夫修建的，莫索罗斯死于第107次奥林匹克大会的次年。陵墓南北各长18.9米，正面稍窄一点，四周长132米，高约25腕尺，环绕了36根圆柱，故称

"柱廊"。东边的雕刻出自斯科帕思之手，北边的是贝尔雅克思所作，南边是蒂莫舍乌斯，西边是列奥查尔斯。在他们的工作未完成之前，女王就离世了，但他们把此项工作看成是他们的荣誉和技艺的体现，因此，就一直坚持下去直到柱廊完工。这时他们开始互相竞争，第五个艺术家也参加进来。柱廊以上部分是个角锥形建筑，其底部各点高度相等，向上收缩24级汇聚到顶部，最高点是个大理石雕成的驷马车，是庇西斯的作品，包括它整个建筑高达42米。

可以看到，普林尼的记载中包括了许多详尽的史料和数据，并且好像来源很可靠。但是普氏的著作版本众多，说法各异，其中一些数字也不能正好吻合。例如，如果周长为132米且南北是长边（这些数据已被发掘出来的基座所证实），那么每个长边的长度就一定会大大超过文章中所说的18.9米，除非基座不坐落在平地上。尽管存在这些困难，莫索林的面貌还是大体被勾勒出来，并且基本上不会再有大的出入。

从普林尼的著作中，我们还可以知道，正是雕刻装饰品的丰富多彩和上乘质量使莫索林赢得了建筑

隐藏在奇异山间的坟墓，给了世人很多谜团

史上的美誉，但这一点在以后的复原工作中却总是未加以重视。普林尼称四个著名的希腊雕刻家分别负责建筑的一面：斯科帕思在东面，贝尔雅克思在北面，蒂莫舍乌斯在南面，列奥查尔斯在西面。而在顶部除了由底西斯创造的驷马车外，没有提到其他某个人的作品。曾经有过一本描述莫索林的书，作者是维特鲁维乌斯和萨特罗斯。通常认为庇西斯乃是维特鲁维乌斯所说的庇西奥斯。这本书早已失传，它很可能就是普林尼记述莫索林的资料来源。

莫索林内部又有些什么东西呢？同样，可供考证的材料很少。我们已知道，波德兰城堡中有许多绿色火山石是从莫索林内拆下来的，由此看来，它内部大多数地方可能是实心结构。考古学家杰普生认为，像一些埃及金字塔一样，它可能是两处枕梁顶内室：一个在墓室上面；另一个位于柱廊之后，以取代传统的希腊"塞勒"式结构。存在不存在一条进入内室的通道呢？不存在是很奇怪的，哪怕仅仅是为了维修的方便，但我们对此仍然是一无所知。

那么，我们又如何解释这座神秘、奢华而又显得不必要的建筑呢？它仅仅是野心勃勃的莫索罗斯（或阿特米茜娅）的随意之作吗？或是一种奇妙的象征？几乎可以认为，它存在的主要原因就在于它是一个开创者之墓，纪念开创者莫索罗斯，或更精确地说，是纪念哈利卡纳索斯的复兴者莫索罗斯，它并未准备成为一个王家陵墓以安葬其他王室成员，也无任何材料表明除莫索罗斯外还有其他人葬在那里。但是如此宏大的精心建造的陵墓，总使人怀疑还有其他不寻常的动机。

上帝的阿狄迷斯神庙之谜

◉ ◉ ◉ ◉ ◉ ◉ ◉ ◉ ◉ ◉ ◉

1780年，爱德华·吉本以一种哀痛的笔触记述了262年奥斯底格斯附近埃菲索斯的阿狄迷斯神庙的毁灭。他对这座神庙的描写，虽然并非目击，但其叙述却是具有说服力的：

"希腊的艺术和亚洲的财富共同创造了这座神圣而宏伟的建筑……波斯、马其顿和罗马那些功盖四方的帝王们也敬畏它的尊严，并增添了它的辉煌。"

正是阿狄迷斯大圣殿的宏伟壮丽，才使它成为古代世界的一大奇迹。"希腊的神奇"，是老普里尼用来描绘这座神庙的词句。他作为历史学家，一点也不在吉本之下。希腊庙宇的神韵在于，它犹如灵魂之居所，与埃及的庙宇不同，那是上帝之居所，还有大教堂，则是世人之居所。阿狄迷斯神庙可以描绘成是古希腊爱奥尼亚式灵魂的表达，但揉进了大量的远东的东方精神。

阿狄迷斯遗址远不只每边都环绕着柱廊，而且是一座巨大的闪闪发光的大理石建筑，它坐落在一个极大的、向天空开放的庭院里，因而在很遥远的地方都能看到。从正面很远看去，像圣坛庭院。圣坛庭院本身由柱廊和雕像装饰着。然而，圣坛庭院里的小祭坛，却建得不那么对称。参加正式典礼的牧师可以看到神庙的高处，但他必须转过脸去照顾小祭坛上的活动。这种设计使人联想到近东，在那里，庙宇有时从旁边内收一些，而不是让前门或内坛与倾斜的走道紧靠着。

走向神庙高高的台地，要通过一个环绕着整个建筑物的巨型框架的大理石台阶，伴随着向后倾斜的浇铸物或平置于地上的斜面墙。高处的台地大约78.5米宽和131米长。普里尼告诉我们，这些圆柱有20米高，修长而且上面有精致的沟槽。他们精心制作的基座是由圆形的大理石组成，支撑着塑造的浮雕，这些浮雕沿着圆柱形墙壁的底部"环绕奔腾"，这是建筑学在古代世界少有的美妙杰作。精致的爱奥尼亚式的柱顶装置了特制的、漂亮的雕刻环状物（涡漩形），保护着那些圆柱，支撑着上面的大理石平梁（柱顶盘）。圆柱中楣没有图案，但大型的齿状饰物构成了最上面的部分，支撑着上面的三角空间。在人形山墙上是3个显眼的开口，而正中那扇门是由两位亚马逊族女战士的塑像构成的，在屋檐里还有另外两位女战士塑像。瓦檐饰装扮着顶部。

也许比正面观看的多层圆柱形墙壁更富于戏剧性的是，当观光者从两个圆柱之间往里走时，他会感觉到一种受到欢迎的氛围。在这里，门廊的前面，是伫立在雕刻矩形座基上的"圆柱森林"。它们与神庙后部门廊的另一个"森林"相互衬托。普里尼统计总共有127根圆柱。为了"适合"这么大的地面规划，当代建筑师被迫在后面的正方设计了9根圆柱。女神的内室或房间置于邻近高大建筑的中心部位，前后是两道柱门廊。我们没有从埃菲索斯阿狄迷斯的祭祀塑像俯视这间圣居的证据，就像雅典的雅典娜女神所作的或奥林匹亚山圣殿里的宙斯雕像那样。然而，人们可以推测，埃菲索斯阿狄迷斯的祭祀塑像，就同罗马皇帝时代树立在庭院里的罗马人的复制品一样大小。加上他们戴着精心制作的头冠，显然会比真正的人高些。

阿狄迷斯神庙的非凡构造要属于那些惹人注目的人物了，她们在城市的宗教和政治生活中发挥着重大作用。女神们都可以发挥自己的作用，无论何时需要她们，就像欧里庇得斯创作的古希腊悲剧里根据剧情的进展不时推出来的神仙一样。据说她们曾经帮助建筑师切斯弗雷，在那个伟大的大理石神庙的进口道上面安上了过梁。

令人惊叹的是，神庙正面形

象的最好证据那么晚才被认证出来。在公元后3个世纪期间，圣殿屹立，未受损失并且还可利用的那个时候，伟大的神庙出现在埃菲索斯铸造的钱币上。对这些证据的估价是由这样一些建筑历史学家作出的，如伯纳德·阿西莫、卡尔·列曼、胡·普拉麦、威谦·丁斯莫和查尔斯·皮卡德。即使在今天，这种在所有其他艺术形式中也被接受且广泛了解的缩略传统，似乎仍在困扰某些学者。

在霍瑞恩的不朽预言中，既然诗人和阿狄迷斯神庙都不会完全消失，于是莎士比亚为所有的年代保持了记忆。《荒谬的喜剧》被认为是普拉蒂斯的摹写本，只是取代了拉丁诗人以皮顿朗斯的希腊镇。诗人莎士比亚，使他那丰富、精深、博大的才华与埃菲索斯城难舍难分。为什么他做了这个变动？因为他知道，埃菲索斯是古代世界最富裕的金融中心之一，拥有一座无疑是世界奇观之一的宏伟神庙。